«PANDORA»

Dello stesso autore
(anche in ebook)

TANTE STELLE, QUALCHE NUVOLA
TI STAVO PENSANDO
MANCHERAI ALL'INFINITO
SEMPRE CON TE

MATTIA OLLERONGIS

ESSERE TEMPORALE

Sperling & Kupfer

Pubblicato per

Sperling & Kupfer

da Mondadori Libri S.p.A.

ESSERE TEMPORALE

ISBN 978-88-200-7113-4

I Edizione marzo 2021

Anno 2021-2022-2023- Edizione 1 2 3 4 5 6 7 8 9 10

Nemo in amore videt.

Agli eterni romantici,
ai batticuori,
agli amori pieni di errori,
a chi ama le imperfezioni.

Diglielo, scriviglielo, ma fai qualcosa.
Che il tempo passa, sai?
E si mangia tutto
tranne i rimpianti,
quelli resistono
anche alle bombe.
Tira fuori gli uragani che hai nel petto,
che tu sei tempesta,
vivi di caos, la pace la lasci agli altri.
E non andare a dormire triste
anche stanotte,
che ne hai già passate tante,
con gli occhi rossi,
con il telefono in mano,
a controllare l'accesso, a riguardare certe foto.
Esistono i dentro o fuori.
Sei tu a crearti le attese:
passa un giorno e poi l'altro
non è cambiato nulla,
sei sempre al punto di partenza,
con quel groppo in gola.
Ma che aspetti, dico io.
Hai paura? È normale.
Ora penserai che le cose si fanno in due,
ma spesso il coraggio
ce l'ha solo uno.
Il più razionale o il più sentimentale?
Alla fine basta ascoltare il proprio mare.
Se è calmo, non ne vale la pena.
Se è tutto agitato, eccola qui la risposta.

Prologo

QUESTA non è la più grande storia d'amore che sia mai stata raccontata. Questa è una storia sbagliata, fatta d'imperfezioni, di smagliature, di cosce sudate. È una storia appiccicaticcia come un divano in pelle nei mesi estivi. È fatta di alti e bassi, di montagne russe, di sbalzi d'umore, d'incazzature. Non è solo baci, è fatta di morsi, di saliva, di sesso, e, perché no, pure di occhi dolci e carezze. È un insieme di cose, di errori, di capelli arruffati, di caratteri impossibili, di lei più diavolo che angelo, nata di notte in un mondo che aspetta il sole.

Questa è una storia di quelle che si sentono in giro, che drizzi le orecchie e poi pensi che potrebbe capitare anche a te. A sentirla non sembra impossibile, è solo un incrocio di combinazioni, di destini, di sguardi, di mani. È solo un momento andato per il verso giusto che, come un magnete, ne ha attirati altri a sé.

Questa non è una favola, di quelle che arrivi all'ultima pagina e pensi che non ti capiterà mai. Perché può succedere. L'imprevedibilità della vita è un elemento da non sottovalutare.

Alla fine, non si desidera mai qualcosa di facile, e si stringe forte solo ciò che ci sa accendere, che ci sa provocare. Siamo esseri semplici a cui piace giocare con il fuoco, stuzzicarlo per vedere come andrà anche se lo sappiamo già. Crediamo nell'impossibile, negli amori irraggiungibili e diamo più importanza a chi se n'è andato piuttosto che a chi ci è rimasto accanto.

Questa storia è un po' così. È uno di quei giochi che finiranno per spezzarti il cuore, ma ci provi comunque perché, magari solo per poco, brami vivere, sentire la forza del vento racchiusa in un semplice sguardo, ritrovarti a darvi contro, a testa alta, provare un brivido, incapace di darti una spiegazione.

Vorremmo tutti trovarci in un film per avere la certezza di abbracciare un lieto fine. Ecco, forse vorremmo solo questo, quel momento prima dei titoli di coda, oppure i primi minuti, quando, così come nella vita, sembra andare tutto bene.

Le parti nel mezzo, quelle in cui tutto frana, le vorremmo evitare. Ma è tutta lì la magia: apprezzi il finale perché sai cosa hai passato. E io so cos'ho vissuto, so quello che ho provato e non lo scambierei con nient'altro al mondo.

PRIMA PARTE
Zeno

temporale[1]
/tem·po·rà·le/

Violenta ma breve perturbazione atmosferica,
accompagnata da fenomeni elettrici,
come lampi e fulmini.

Sai davvero cosa vuoi?

Questa sarà un'intervista insolita.
Sarà una chiacchierata tra me e quelle persone che, dopo tutto questo tempo, hanno ancora voglia di stare ad ascoltarmi.

Bene, allora, cominciamo. Fino a qui, per molti, lei ha avuto un percorso invidiabile. Dal suo punto di vista, come lo descriverebbe?
Particolare. Sicuramente particolare. Ma non per merito mio. Diciamo che io sono stato un passeggero a bordo di un treno diretto in zone inesplorate e apparentemente senza una meta. Mi sono trovato a fare un lavoro che non mi apparteneva, a stare con delle ragazze che nemmeno mi consideravano. Poi, un bel giorno, la vita ha deciso di sorprendermi, si è stufata dei soliti schiaffi e mi ha elargito una carezza. L'ho trovato insolito e infatti nei suoi piani c'era molto di più di quello che riuscivo a intravedere. L'apparenza inganna e questo era uno di quei casi.

Mi sono sempre considerato un cercatore di certezze, uno di quelli noiosi che navigano soltanto in acque calme e sicure, che amano fare ritorno nella loro terra. Un luogo conosciuto, che emana ricordi e calore a ogni sguardo. Più che un marinaio, mi sentivo un navigatore di acque stagnanti. Questo era il mio identikit e ho sempre cercato qualcuno di simile a me. Almeno finché non è arrivata quella famosa carezza che, a prima vista, sembrava l'ennesimo schiaffo. E invece mi ha sorpreso perché ha preso in mano la mia vita e ha cambiato le carte in tavola. Mi sono ritrovato in un mare agitato. Ma che dico! Sulla cresta dell'onda di uno tsunami. E da lì ho notato che la vita sa essere strepitosa. Sono rimasto a bocca aperta, poi sono stato scaraventato a terra. Avrei dovuto essere terrorizzato e invece sorridevo.

Sa qual è la cosa buffa? Avrei dovuto proseguire dritto per la mia strada. Quella sarebbe stata sicuramente la scelta più adatta a me, la cosa giusta da fare. Ma ci sono errori che ti tolgono il fiato e sono dell'idea che vadano vissuti completamente, non solo in parte. Non valgono gli assaggi quando si tratta di cuore.

Quindi non ha niente di cui pentirsi?
Tutti noi ci pentiamo di qualcosa, prima o poi. Vuoi per questioni di poco conto o per qualcosa di serio. Ognuno dà la priorità a ciò che ritiene importante.

Il mio punto debole, se così vogliamo chiamarlo, si chiama Anna. Mi sono creduto invincibile per un tempo infinito, o almeno questa era la sensazione che provavo all'epoca. Poi è arrivata lei, o sono andato io da lei, dipende da come la si guarda. Fatto sta che ci sono rimasto secco. *Tac*, una botta colossale. Ho visto le stelle? Non lo so. Ricordo solo che, la prima volta che l'ho vista, ho desiderato che il tempo si fermasse. Volevo restare lì, immobile. Ha presente? Quell'attimo in cui tutto potrebbe andare bene o malissimo. Quell'attimo in cui ti senti in obbligo di fare una mossa, una qualunque, però non riesci a muoverti, ogni muscolo è teso, dolorante. Ha presente? Sembra che da un momento all'altro ogni centimetro di pelle e ossa possa sgretolarsi, diventare polvere alla minima pressione, al più piccolo e impercettibile movimento. Che storia, l'amore.

E allora sei lì, che pensi: Vado o non vado? Lo faccio o non lo faccio? E il tempo passa e si mangia le ore, anche se non te ne accorgi. È così che sfumano le occasioni, sa? Aspettare è la rovina dell'uomo. Dovevamo nascere più impulsivi. Anzi, una volta lo eravamo. Se non agivi, morivi. Poi ci siamo evoluti, ci siamo adattati, la vita si è allungata, si è riempita di tempi morti e abbiamo cominciato a ragionare, a pensare troppo. Il mondo va avanti e noi andiamo sempre più lenti.

Quindi si pente di non aver fatto il primo passo?
Oh, no, no. Io il primo passo l'ho fatto. Non ho resistito. Cioè, per un po' ero davvero pietrificato. Ma non potevo perderla, non così. Anche se, come le ho già detto, forse potevo. C'era questa possibilità, ma sa com'è finita?

Sono qui per questo.
Giusto, giusto. Allora c'è tempo per spiegarle tutto. Magari proprio dall'inizio, senza velocizzare inutilmente le cose. C'è tanto, sa? In questa storia, intendo. Ho messo tutto ciò che avevo. Tempo, testa, cuore. La mia parte razionale e quella che si lancia a capofitto in ogni situazione. Ci ho messo di tutto, come se volessi creare una pozione perfetta senza ricetta. Così, nel dubbio, mi ci sono tuffato, senza lasciare nemmeno un capello fuori. Ed è stato... incredibile. Anzi, no. È stato inaspettato. Sì, inaspettato è la parola giusta. Vede? Mi emoziono ancora ora, è pazzesco. A dirla tutta, faccio un po' fatica a trovare le parole giuste.

Eppure, parlare è il suo lavoro. Dovrebbe essere un giochetto per lei. Semplice routine.
È qui l'inghippo. Tutti credono che io sia un grandissimo estroverso, un libro sempre aperto. In realtà sono un tipo silenzioso, sa? E tengo tutto dentro. È difficile restarmi

accanto, quindi, in un certo senso, capisco quelle persone che hanno smesso di girare attorno alla mia esistenza. Una stella troppo calda non permette la vita ma lo stesso vale anche per una stella troppo fredda. Gli estremi sono sempre uno sbaglio.

Credo che dipenda più dalla distanza dei pianeti, che dal calore.
Già, la distanza. Ma non è facile trovare il giusto numero di passi per stare il più vicino possibile a un'altra persona.

Poi, tralasciando questo discorso sulle stelle, quello che fa la differenza in un rapporto sono i tempi. Bisogna essere capaci o avere la fortuna di azzeccare il momento giusto per fare quel passo avanti o indietro che ti sistema l'esistenza. Il tempismo è salvezza. Ma è raro, non trova? «La vita è tutta una questione di culo», direbbe mio nonno. È sempre stato saggio, forse un po' troppo diretto, ma saggio, non c'è dubbio.

Però, da quanto ho capito, con Anna lei ha fatto i passi giusti, è così?
Con Anna ho sbagliato tutto quello che potevo sbagliare.

L'amore è una danza. Ci sono dei momenti da rispettare. Bisogna imparare a muoversi e la musica non è mai la stessa e nemmeno i passi, a dire il vero. Tutto dipende dalla persona che hai davanti. Ci sono dei segnali da interpretare ma non è così facile. Magari vedi un sorriso e pensi di aver trovato la strada per il suo cuore, ma ti soffermi su un dettaglio e non noti il resto. Bisogna scavare per arrivare in profondità. C'è da sudare, molto. Ci sono alte mura da scavalcare, fossati e filo spinato creati dal passato di quella persona. E qui potresti considerarla una sfida impossibile da superare. Ma se ci tieni veramente, non c'è ostacolo che tenga. La fatica non la senti e alla fine raggiungi la meta.

Sono sicuro che ora mi chiederà come ho raggiunto la strada per il cuore di Anna. Le assicuro che glielo voglio raccontare, ma a modo mio. Quindi, chiuda gli occhi e provi a mettersi per un po' nei miei panni, nei miei battiti, nei miei brividi.

1

Come si fa senza di te?

-5 GIORNI AL NOSTRO PRIMO INCONTRO

SCENDO dal treno e mi accendo una sigaretta. A dire il vero, non sono un fumatore, sono solo nervoso e pensieroso. Ho cominciato da poco. A fumare, intendo. Il nervosismo e i pensieri di troppo, invece, fanno parte della mia natura da sempre.

Elisabetta se n'è andata e si è portata via tutto dalla mia casa. Ora è così vuota e fredda. Mi vien da ridere perché questo inizio di descrizione calzerebbe a pennello non solo con l'appartamento, ma anche con ciò che è diventata Elisabetta dopo un solo anno di relazione. Se le cose non vanno, si diventa fantasmi. Chi l'avrebbe mai detto? Lei. Me lo ripeteva sempre, fin dal primo incontro.

«Guarda che finirà. Prima o poi ti lascerò.»

Lo diceva ridendo e allora non riuscivo a dare il giusto peso a quelle parole. Forse ero solo stupidamente innamorato. Perché l'amore istupidisce, me ne sono reso conto sulla mia pelle. A un certo punto ti svegli e ti chiedi che fine hai fatto. Alcuni lo paragonano a una droga. Sinceramente, non ho da obiettare. Mi sono drogato di lei per quasi 365 giorni. Un'infinità di tempo, a pensarci bene. Anche se, da un certo punto di vista, è solo un attimo, una tacchetta di vita in meno su una batteria lunga, che ne so, ottant'anni? Non so fino a quando mi piacerebbe vivere.

Guardo tutte queste persone che vanno avanti e indietro davanti a me, mentre una nuvola di fumo mi circonda la testa e mi ovatta la visuale. Hanno tutti una vita, come me. Ognuno ha i suoi problemi, ognuno è perso per i fatti suoi, come direbbe Vasco. Ognuno colleziona amori, dolori, attimi d'indistinguibile felicità. Senza nemmeno rendersene conto, ciascuno, distratto, finisce per perdersi l'occasione perfetta per sorridere e riprendere colore dopo tanto grigiore. Come il treno alle mie spalle che sta ripartendo, diretto chissà dove, accoglierà altra gente, trasporterà le persone verso il loro amore, e a volte le allontanerà spezzando i cuori.

La sigaretta è finita. È colpa di Elisabetta se fumo. Ha portato via tutto tranne questo mezzo pacchetto di Winston Blu che ho nella tasca destra dei jeans. Ne contiene ancora tre, poi l'ultimo ricordo materiale che la riguarda sarà destinato alla spazzatura. Potrei già buttarlo. Sono tentato, però un po' mi dispiacerebbe. È tutto spiegazzato, ma ci sono affezionato. Più lo guardo e più la penso. Sono un gran masochista, io. Amo pensare al mio passato. Mi soffermo a lungo sui momenti belli, pure su quelli sbagliati, e divento nostalgico in un attimo. Ricordo ogni cosa e mi sta bene così.

Il telefono vibra, è arrivato un messaggio.

Giulio mi scrive: «Ti è passata? Quando ricominci il podcast?»

Mi è passata? Passa mai un lungo attimo vissuto fino in fondo? La verità è che non passa niente. Ma è difficile farlo capire a Giulio. Lui ha la sua idea di mondo, dove tutto inizia, tutto finisce, tutto passa, insomma. Ha sempre un gran sorriso per chiunque, a dimostrare che niente lo tocca, ma tutto scivola sulla sua anima immacolata. Sono convinto che qualcosa lo abbia ferito più del dovuto, tanto da renderlo quasi apatico nei confronti dei sentimenti. Come una fiamma passata sul dito, *et voilà*, un magnifico callo resistente agli urti.

Gli rispondo: «Sono appena tornato, fammi respirare, almeno».

E allora mi chiama. Lui fa sempre così. Se non riceve la risposta che si aspetta, comincia a tartassarti fino allo sfinimento.

«Ehilà, caro, tutto bene? Ma sì, sono sicuro che stai andando alla grande. Elisabetta è chissà dove e tu sei qui, non è magnifico? Sei in stazione? Ti passo a prendere? Perché non parli di lei? È una buona idea, non ti pare?»

«Giulio, fammi respirare. RE-SPI-RA-RE. Sai che vuol dire? Che mi serve aria, spazio, tempo.»

«Non ti è bastato un mese?»

«Sei mai stato innamorato?»

«Che domanda stupida da fare.»

«Non mi sembra, da come ti comporti.»

«Senti, hai un bel lavoro. La gente ti ama, te ne rendi conto? Adora ascoltarti per ore e ore. Hai questa magia nella voce e, boh, la stai sprecando così. Perché? Perché ti hanno spezzato il cuore? È solo un'illusione. Sei ancora vivo e lui è al suo posto. Devi solo svagarti un po'. Dai, butta giù qualcosa. Vedrai che tutto andrà meglio. Poi passo da te.»

«La fai troppo facile», gli dico, ma ha già riattaccato. Giulio è così. C'è sempre, ma va di fretta. Sembra un grandissimo opportunista, anche se in realtà ci tiene.

Butto la sigaretta e rimetto lo smartphone in tasca. Poi

mi fermo un attimo a guardare una coppia due binari più in là. Lei è un arco lungo e teso, lui un personaggio de *I Soprano*, entrambi sulla cinquantina. Discutono animatamente, non capisco di cosa. Gesticolano, lei gli dà un colpo sulla spalla e lui sostituisce l'espressione sorpresa mettendo su un bel grugno. Allora lei lo guarda e poi... sorride. Stavo immaginando i peggiori scenari e invece niente, un sorriso ed è tutto finito. Ora l'ha presa sottobraccio e stanno attraversando le porte automatiche, così, come se nulla fosse mai successo.

Sono queste cose che mi fanno impazzire. Io voglio la semplicità e invece mi ritrovo ogni volta in mezzo a una guerra. E ci può stare, non dico di no. Ma un minimo di pace, almeno ogni tanto, la pretendo. Me le cerco? Me le cerco, non posso negarlo. Però i presupposti ogni volta sono altri. Forse è colpa di questi miei occhi che si lasciano accecare o forse semplicemente non voglio restare da solo. Ma io sto bene da solo, non mi sono mai lamentato.

Quando è finita con Teresa sono rimasto quattro anni da solo e sono sopravvissuto alla grande. Anzi, quello è stato uno dei periodi più felici della mia vita. È nato il podcast *Dall'Amore alla Zeno* e il mondo ha cominciato a scoprire questo mio lato razionale, un po' cinico ma spesso sorprendentemente romantico, che nemmeno io credevo d'avere. Provo a mettere ordine tra i sentimenti, ma come si fa, dico io. Come si fa?

«Scusa, hai da accendere?»

Ecco, ci mancava questa. Ma come si fa, seriamente. Ogni battito ne cerca un altro. Mentre divagavo nei miei pensieri, una ragazza dalla chioma argentata si è avvicinata a me. La guardo e mi piace. Ha i lineamenti affilati, che a ogni bacio probabilmente rischi di tagliarti. Se la vita fosse un film ora dovrebbe succedere qualcosa. Non so cosa, qualunque cosa. Tipo una frase giusta dopo l'altra, sempre la risposta pronta e perfetta e un sorriso incredibile per catturarla completamente. Ma sono sempre io e qui non c'è una regia e nemmeno un copione da seguire. E allora resto il solito impacciato. Continuo a guardarla, starà pensando che ho qualche problema.

«Io...»

«Vabbè, tranquillo», mi passa una mano sul braccio e poi se ne va via, veloce come una goccia d'acqua su un finestrino, continuando la sua ricerca alle mie spalle.

Lo sapevo, l'ha pensato sicuramente.

Cosa mi è preso?

Episodio 138: Cosa voglio dall'amore?

Mi conoscete, sono diffidente. Se qualcuno mi si avvicina, faccio un passo indietro, lo guardo con curiosità, ma una parte di me non sa bene come comportarsi, a volte trema, a volte scappa. Tendo a chiudermi prima del tempo, prima che il bello abbia inizio. Questo mio difetto mi ha portato a scrutare con particolare attenzione ogni persona intenzionata a entrare nella mia vita. Alcune sono rimaste in attesa sull'uscio per un po', si sono stufate e sono sparite. Altre hanno resistito più a lungo e alla fine ho scelto io di chiudere loro la porta. Altre ancora erano giuste anche se non perfette, compatibili, almeno in parte, con il mio modo di vivere e allora sono entrate. Perché alla fine è tutto lì, giusto? Non è solo una questione di caratteri. La cosa più importante sono le abitudini. Se a te piace correre, vuoi trovare qualcuno che corra insieme a te. Se a te piacciono le serie tv d'azione, non riesci a immaginarti per una vita intera accanto a qualcuno che guarda solo soap opera. Sono esempi stupidi, lo so. Ma tante piccole cose sono in grado di fare sfracelli, come tante gocce di pioggia, con i loro tempi, sono in grado di erodere una montagna. Poi entrano in gioco altri fattori. Per esempio, se ti fa ridere puoi passare sopra a un'infinità di cose. Ti rende felice ed è questo che conta. Giusto?

Io la pensavo così. Per tanto, tanto tempo ho creduto che funzionasse così. Poi ho capito che non mi so accontentare. Voglio sempre di più e non mi so fermare.

Sono una bomba.

Forse mi sto accusando troppo, forse sono meglio di così. Però, ci penso e ci ripenso. Io voglio solo essere felice e allora perché non ci riesco? Ci dev'essere un problema, mi sembra evidente. E se dopo tanti anni questo problema persiste, non mi va di dare la colpa agli altri. Chi se ne è andato avrà avuto le sue ragioni.

Cosa voglio dall'amore? Forse solo qualcosa di vero. Che se deve far male, me ne faccia pure, ma che si alterni ogni tanto a una carezza o qualcosa di più, che ne so, un bacio, qualche gesto che mi faccia capire che l'altra persona c'è e ci tiene.

Sono grande abbastanza da sapere che non è tutto bello, non va sempre a gonfie vele. A volte non tira vento, il mare è fermo, il cielo è cupo, non ci sono rose, non ci sono fiori, non ci sono nemmeno belle parole. C'è solo un vuoto. Un universo senza stelle che di notte non dice niente. Un tramonto privo di sfumature, solo una palla di fuoco che va giù, in silenzio, senza fare rumore, senza stupire nessuno. Se in due si riesce a colmare queste mancanze, credo sia amore, quello vero.

Voglio essere riempito di stelle.

Voglio essere circondato dalle giuste sfumature.

E poi tutto viene da sé. Il mare riprende il suo moto, il vento soffia di nuovo, il cielo si fa bello, fioriscono i prati, e ritornano le parole, precedute dai fatti, e allora sì che hanno valore.

2

Ma sì, scrivimi

-5 GIORNI AL NOSTRO PRIMO INCONTRO

APRO il portone del mio palazzo. Sono ancora stordito per il viaggio, o forse per l'andazzo che ha preso questa esistenza fatta di scelte, il più delle volte rivelatesi sbagliate. Ma il problema delle scelte, dei bivi, è che non sai mai come andranno a finire. C'è sempre questa nebbia fitta dopo qualche passo, e allora te ne stai lì, che provi a sbirciare.

Vado a destra o a sinistra? Resto single o mi trovo qualcuno con cui condividere questa noia che mi affligge giorno dopo giorno? E inizialmente ogni scelta sembra sensata, quella giusta, quella perfetta, quella inevitabile. Le conseguenze arrivano sempre in ritardo, quando uno ha già cominciato a poggiare i primi mattoni nella realizzazione dei suoi sogni.

Ho voglia d'incazzarmi, ma devo stare calmo.

Elisabetta mi scrive: «Quando mi mandi il nuovo episodio? Così controlliamo che sia a posto prima di metterlo online».

Elisabetta si è portata via tutto dall'appartamento cinque piani sopra la mia testa. Ma non è sparita dalla mia vita, questo no, non lo può fare. Perché gestisce il sito della rivista che ospita il mio podcast e quindi ogni volta devo consegnare il mio lavoro a lei. Mi sento così vulnerabile. Vorrei tanto staccare tutto, buttare via questo smartphone, non rispondere ai messaggi e non odiarmi per aver provato un brivido leggendo il suo nome sul display. Il cuore si è fermato un attimo, tipo «Ora lascio fare a te», ma io non le so gestire queste situazioni, soprattutto quando mi sento sepolto sotto quel bellissimo muro di mattoni che stavo costruendo con tanta cura.

Prendo fiato e rimetto il cellulare al suo posto, poi controllo la cassetta delle lettere. Qualche bolletta, un bel po' di pubblicità, il menu del ristorante a cui eravamo soliti andare io e lei. Ora fa pure il servizio d'asporto. Lo prendo e lo infilo in un'altra cassetta, starà meglio lontano da me.

Non devo ricordare, non devo ricordare. Fosse facile. Ogni cosa, volendo o no, mi riporta a momenti presi a caso dall'ultimo anno. È tutto un grandissimo dramma, quando una storia finisce. Perché deve andare sempre così? Ci penso mentre comincio a salire le scale. Qui manca l'ascensore. Questa cosa un po' mi rappresenta. Ogni volta che voglio qualcosa, me la devo sudare. E lo stesso vale per l'andare avanti. Si va, certo, ma la fatica è tanta e chissà quanti piani mancano prima di trovare il mio posto ideale, quello in cui si può costruire in due, ovviamente, e non c'è nulla intenzionato a crollare.

Sono solo sogni che mi fanno perdere un po' di tempo. Ed eccomi davanti alla mia porta. Infilo la chiave nella toppa e sono di nuovo nel mio mondo. È proprio come lo avevo lasciato. Vuoto e freddo.

Apro qualche finestra. Cambio aria, cambio musica.

«Alexa, riproduci *Mojo Pin* di Jeff Buckley», dico all'assistente vocale, che svolge perfettamente il suo compito.

La canzone inizia a farmi compagnia mentre mi preparo un caffè.

«Alexa, allevia questo senso di vuoto che ho nel petto.»

«Se vuoi ti posso cantare una filastrocca», mi risponde l'apparecchio non sapendo che altro fare.

Lasciamo stare. Se non ci riesce lei, perché dovrei riuscirci io?

Vado in salotto, il caffè sta ancora fumando. Ci sono un paio di fotografie che mi osservano. Almeno questa è la sensazione che ho ogni volta che sono solo e mi ritrovo in loro presenza. Lo chiamano valore affettivo, in questo caso sono il punto di partenza della mia vita. I miei genitori che si stringono, sorridono, vestiti lui con una tuta verde e viola molto anni Novanta, lei con un tailleur grigio, probabilmente era mattina e stava per andare al lavoro. Non lo so, non hanno mai avuto l'occasione di dirmelo. Questa è una delle tante cose, piccoli segreti, curiosità, pillole, che si sono portati dietro andandosene da me e da tutto il resto.

Mi viene da pensare che il mondo sia un posto troppo piccolo per ospitare tutti quanti. Mi viene anche da piangere. Perché, se avessi potuto scegliere tra loro e tutte le altre persone, avrei voluto tenermeli stretti ancora un po', abbracciarli così forte fino a scomparire in una nuvoletta per mescolarmi al loro profumo. Ma non si può sempre scegliere, capita di trovarsi costretti a subire. A volte mi sveglio di soprassalto e mi sembra quasi di sentirlo, il loro odore, dolce e velato, poi scompare, è questione di attimi. Ma è solo un'impressione. È passato troppo tempo e li ho vissuti troppo poco.

Mi ricordo quel giorno, quando nonno è venuto a prendermi a casa. Il suono del citofono interrompe i miei pensieri e vado a rispondere.

Episodio 139: Perché non voglio altro?

Io nelle storie ci entro lentamente, quasi in punta di piedi, faccio molto piano, osservo bene, mi guardo attorno e ti guardo dentro. Devo capire. Cosa? Se il posto è abitabile o in giro, nascosti da qualche parte, magari nell'armadio, magari sotto al letto, ci sono dei mostri o qualche scheletro. Devo capire. È semplice, no? Eppure, tanti mi guardano male quando agisco così. Perché sembro impaurito, timoroso di affrontare le novità.

Io le capisco le persone che affrontano tutto a viso aperto, a cuore spalancato, senza paura alcuna. Io le capisco, davvero. Ma non sono così, non è questa la mia natura. Mi muovo a passo lento e felpato. Perché tanti fanno questo errore: pensano che andarci piano equivalga a restare fermi. Ma io vado avanti, ti tengo la mano e sono curioso, quindi provo a capirti, provo a esplorarti. Voglio sapere tutto di te. Perché hai gli occhi spenti oppure accesi, che ne so, come ti sei fatta quella cicatrice, perché hai paura di mostrare il tuo sorriso. Voglio sapere tutto. Dettagli importanti, ma anche quelli futili. Siamo enciclopedie, ci vuole tempo per arrivare fino in fondo e tanti saltano le pagine, leggono solo l'ultima, esclamano «Finito!», ma in realtà non hanno capito niente. Non ti hanno capita per niente. Ecco, alcuni preferiscono quelli così, che sembrano andare dritti, spediti per la loro strada e invece, più in là, ti accorgi che non sanno nulla e che non sono nemmeno interessati a scoprire cosa si cela negli occhi tristi con cui li guardi.

Passo lento, ecco il mio segreto.

Che fretta c'è? Perché fingere?

È un bellissimo segreto, non trovate? Allo stesso tempo, però, è un po' la mia rovina. Perché chi osserva tutto s'innamora delle piccole cose, quelle che, alla lunga, fanno la differenza. Come quel profumo che ti fa girare la testa, quella voce che vorresti ascoltare per ore, ma anche gli aspetti più piccoli e insignificanti. La posa che assumeva quando la mattina, appena sveglia, con gli occhi socchiusi in un sorriso sottilissimo, si fumava una sigaretta sul davanzale; i suoi capelli sparsi ovunque, come le tazzine di caffè che seminava in giro per la casa; il suo disordine così affascinante. L'avrei mai detto prima di conoscerla? No, certo che no. Mi sarei solo incazzato. E poi scopri che puoi innamorarti anche dei difetti ed è lì che ti sorprendi perché ti accorgi di esserci dentro fino all'ultimo respiro.

Perché non voglio altro?

Perché sono ancora immerso in quel mare dagli occhi verdi.

A volte mi godo il sole, a volte mi sento annegare. A volte respiro e va tutto bene. Ma non c'è mai una continuità abbastanza stabile nel mio stato d'animo.

Ripenso ai suoi piedi freddi, alla risata che faceva quando la notte per scherzare me li appoggiava sulla schiena. L'armadio pieno di vestiti neri o grigi, la sua avversità per i colori. La sua determinazione nello scegliere sempre le stesse quattro canzoni quando viaggiavamo in auto. Le domeniche al mare, in pieno inverno, con la spiaggia deserta, tutta per noi, e la sua voglia di urlare, di correre, di abbracciarmi fino a farci cadere. Il vento che ci scompigliava i capelli e portava un po' di sabbia ovunque.

Ricado nei giorni passati che non hanno nulla di nuovo da dirmi.

Sapete cosa significa questo? Che sto rileggendo le stesse pagine, lo stesso capitolo, solo che alterno i paragrafi. Sono in un loop e non me ne accorgo. O forse sì, me ne rendo conto. Dopotutto, ve ne sto parlando. Ma non sono ancora pronto ad andare avanti.

3

Mi distrai dalla vita

-5 GIORNI AL NOSTRO PRIMO INCONTRO

APRO la porta e mi trovo davanti il sorriso di Giulio, i suoi capelli ricoperti di gel e tirati all'indietro, il solito taglio sul sopracciglio, un parka verde, di quelli che nessuno indosserebbe. Ma lui può. Lui è il mio amico, lui è il mio agente, lui è il mio scoglio. E tiene una mano dietro la schiena.

«Chissà che nascondi», gli dico. In realtà, lo so perfettamente, è una bottiglia di vino rosso, uno di quelli scadenti, da supermercato, ma che in certe giornate si lasciano bere con nonchalance.

«Sorpresa», esclama agitandomela davanti in attesa di una mia reazione.

«Ma dai!» dico. Chi l'avrebbe mai detto? Io.

«Per non farti sentire solo.»

«Era proprio ciò che volevo!»

Lo faccio entrare e lui fa come se fosse a casa sua. Va in cucina, si guarda intorno, trova il cavatappi, prende due bicchieri e poi si sposta in salotto. Appoggia tutto sul tavolino di ciliegio davanti al divano, si accomoda, stappa la bottiglia e versa il suo contenuto. Sono io l'ospite.

«Fa freddino qui dentro», dice osservando le pareti e i mobili spogli della stanza.

«Aspetta, chiudo la finestra.»

«No, no, parlavo di quello.» Indica il mobile con la foto dei miei genitori. Un mobile grande come una parete, ma solo due foto su una mensola al centro, la tv sopra due cassetti vuoti, l'Xbox, qualche DVD e nient'altro.

«Ah, sì...»

«Hai fatto pulizia? Hai fatto bene.»

«*Ha* fatto pulizia», lo correggo.

«Non ha perso tempo, la vipera», sorride mentre accompagna il bicchiere alla bocca. Ha le labbra carnose, già rosse di vino. Anche io e mi sento già brillo. Nello stomaco ho solo un caffè e in corpo ho un'ora di sonno. Me ne sto seduto sul bracciolo di questo divano così morbido e guardo Giulio, mentre penso che circa un mese fa stavo facendo l'amore nel punto in cui lui ora è seduto.

«A cosa stai pensando?» mi chiede.

«Non ti piacerebbe saperlo.» Mi sento la bocca impastata e le guance rigide, a tratti morbide, a tratti tremendamente dure.

Poi ripenso al suo sapore, me lo sento in bocca. Le sue mani che mi spogliano. Un morso sul collo, respiri lenti, carichi, e poi rieccomi qui, solito posto, situazione diversa.

«Mmh, allora dimmi perché non hai scritto nemmeno un episodio.»

«Lo sai.»

«Zeno, se le persone ti fanno una domanda, solitamente è perché non sanno la risposta.»

«Sì, ma tu non sei come 'le persone'. Tu mi conosci.»

«Infatti, ti conosco abbastanza da sapere che se non ti recupero in qualche modo, tu mi sparisci per sempre. Sei odioso, sai, quando ti comporti così. Credimi, ti capisco. Hai bisogno di tempo e lo capisco, davvero. Ma il mondo va avanti e tu non sei nelle condizioni di premere il tasto pausa. Devi mantenere il passo, per quanto sia faticoso.»

«Okay, ma non posso chiudere con una persona e poi essere costretto a interagire con lei per lavoro.»

«Non fare il bambino, cresci un po'! Se non avessi voluto trovarti in questa situazione, avresti dovuto evitare di andare a letto con lei fin dall'inizio. Era tanto difficile resistere?»

«Sì, ma...»

«Devi cominciare ad abituarti alla sua presenza/assenza, non c'è altro modo. E devi scrivere qualche pezzo nuovo, così lo registriamo. Lo mando io a Elisabetta, se proprio non ti va di averci a che fare.»

«Ma non riesco a parlare di come sto, a descrivere ciò che provo, sapendo che lei lo ascolterà.»

«Ze', lei lo ascolterà in ogni caso, anche se dovesse perdere il suo posto di lavoro o se tu dovessi trovare un altro spazio.»

«E poi c'è il problema della casa.»

«Cos'altro hai trovato che non ti va bene? Questa volta ci sono delle vibrazioni negative che rimbalzano da parete a parete? Senti i vicini scopare e ti vengono i brividi? Dimmi tutto, caro. Dai, che Giulio risolve ogni tuo problema.»

«I vicini hanno più di ottant'anni...»

«Pensa, probabilmente sono più attivi di te.» Batte il bicchiere sulla mia coscia, come a voler brindare.

«Dico sul serio, non riesco a concentrarmi in questo posto.»

«Sei assurdo, quando parli di cuore ti metti sempre nei panni degli altri ma quando si tratta di te, *puff*, di colpo ti estranei. È tutto nella tua testa ma tu continui a cercare scuse, e Elisabetta, e la casa, e qui c'è troppo rumore, qui troppo silenzio, qui penso troppo, lì non conosco nessuno, e *bla bla bla*. Sai perché i bambini sono la versione felice degli adulti? Perché agiscono prima di pensare. Non si chiedono come sarà la giornata oggi, escono fuori e vanno a giocare e se c'è del fango per terra, be', sono ancora più contenti. Comportati da adulto, ma pensa da bambino.»

«Quindi non dovrei pensare?»

«Esatto! In questo momento stai andando a fondo e l'unica tua salvezza è muovere quelle gambe e quelle braccia per nuotare più che puoi. Devi muoverti, muoverti e ancora muoverti. Esci, cambia aria, vai in un bar, in biblioteca, non lo so, vai da qualche parte. Magari incontri qualcuno e ti passa tutto questo magone che ti porti dentro.»

«La fai facile.»

«È facile! Nulla cambia se tu non cambi. Non è così che si dice? E allora va', esci, vivi. Sembra difficile, ma non lo è. L'hai già fatto fino a qui e sei sopravvissuto. A vederti, sembri quasi in forma.»

Si alza, appoggia il bicchiere sul tavolino, mi guarda e nota la mia solita espressione sconsolata. Allora va verso il mobile, afferra la foto che stavo guardando poco fa e picchietta il dito sopra il vetro.

«Loro cosa direbbero?»

«Non ne ho idea. Però so cosa direbbe mio nonno. Qualcosa del tipo: 'Prima si mangia e poi si ama'. Non so se te l'ho mai detto, ma vi assomigliate un sacco tu e lui.»

«Vedi che ho ragione?» Scuote la testa e sorride, poi rimette la foto al suo posto e continua. «Fai così: oggi ti rilassi, dormi un po', ma presto, magari già domani o dopodomani, ti riprendi e la smetti di buttare via la tua vita, okay?»

Episodio 140: Quando arriva il momento di lasciare andare?

Ti svegli, c'è un sole stupendo ma negli occhi hai le lacrime della sera prima e in testa una baraonda, in bocca il sapore di un bacio non dato e nelle orecchie ancora la sua voce che rimbomba.

Diventa un problema quando inizi a sentirti in una bolla. Quando provi a stare meglio, a respirare, a ricominciare, a dare retta addirittura a qualche consiglio dei tuoi amici che sono stufi di vederti stare male, ma alla fine, ogni notte, ti ritrovi punto e a capo con te stesso. Sei in una dannata bolla e non sai come uscirne, niente la fa esplodere e nessuno la nota, nessuno si accorge del tuo stato d'animo, che sei lì lì tra un attacco di panico e una crisi di pianto, ma stringi i denti e fingi un sorriso quando hai qualcuno davanti.

Ti guardi allo specchio, ti vedi consumato, sarà che non dormi e ora hai due occhi profondi. Sarà che pensi più alla sua vita che alla tua. A chi frequenta, se sta bene, se ride ancora, se è andata avanti o se sta come te. Ma non pensi a te. Ti dimentichi, ti trascuri, quasi non esisti. Sei il riflesso della sua vita. Di te non c'è più traccia. Eppure, in lontananza ti senti, riecheggia una vecchia versione di te, non sembri neanche tu. Guarda, una volta sorridevi, ora non ti riesce bene neanche fingere. Ci provi, ma è una maschera di cartapesta sotto un acquazzone.

Che errore, credersi in pezzi quando si è solo ammaccati.

Che errore, darsi per persi quando si è solo più stanchi.

Che errore, pensare a chi da tempo ha deciso di non pensare più a te.

Dai troppa importanza a un passato che non vuole più avere niente a che fare con te.

E il presente ti allunga una mano, fuori è una bella giornata di sole, gli uccellini fischiettano, a momenti fanno il tuo nome e nelle tue orecchie, se lo vuoi, c'è solo musica. E allora alzati, vai in bagno, sciacquati la faccia, poi preparati un caffè, pensa a qualcosa di divertente, qualsiasi cosa, davvero, non ha importanza, e organizza la tua giornata, magari fatti un bel regalo, comprati quella maglia che hai visto l'altro giorno, leggi un libro.

Lascia libera la mente, è stufa di restarsene ancorata a uno stupido ricordo.

4

Sai cosa ti perdi?

IL GIORNO DEL NOSTRO PRIMO INCONTRO

COLAZIONE? Fatta.

Doccia? Fatta.

Cancellato tutti i suoi messaggi? Finalmente fatto.

Eliminata ogni nostra foto? Ci sono volute due ore, ma sì, fatto anche questo.

Com'è la giornata? Fuori piove, ma sono felice.

Direi che è un buon inizio. Ci penso ancora, perché sì, è normale, va bene così.

Sul tavolo della cucina c'è il suo pacchetto. Ancora due sigarette. Lo prendo con me.

Mi fermo sull'uscio per darmi una controllatina allo specchio. Soliti occhi di chi la notte non dorme molto, la barba sfatta di chi è stato lasciato e non si è ancora ripreso. La accarezzo, in fondo mi piace, non mi sta così male. Mi dà l'aria di uno che ha qualche storia da raccontare.

Scendo le scale, esco dalla palazzina e quasi mi scontro con una coppia intenta a riempirsi di baci dal collo in su. Sono le 11 e probabilmente hanno saltato la scuola. Vado avanti ma sono tentato di voltarmi. L'amore mi attira come una calamita, credo sia per questo che ho scelto il mio lavoro. Mi accendo un'altra sigaretta e li guardo un istante. Lui tutto vestito di jeans, lei indossa una giacca a vento, gonna e collant. Entrambi hanno i capelli bagnati, ma entrambi sono indifferenti a questo problema. Anche se ora il cornicione del palazzo li copre abbastanza. Occhi negli occhi, mani strette fortissime tra loro e sembra quasi di vederla, la felicità nei loro corpi. Alla fine è questo, no? Un momento. E loro se lo stanno godendo alla grande.

Guardo il cielo plumbeo e penso che potevamo essere noi due al loro posto, Elisabetta e io, e invece è andata altrimenti. Ma sì, è giusto così, devo accettarlo. Ci sto provando, sul serio. Sono ancora in quella fase in cui se penso a lei mi ritrovo diviso tra il volerle ancora bene e l'odiarla da impazzire. Però passa, ci sono già passato. Passa sempre, anche se è lunga.

Ora lui le sposta un po' di capelli bagnati dietro l'orecchio, lei ha lo sguardo basso, timido, ma sorride, e se fosse notte, potrebbe illuminare l'intera via. Poi le sussurra qualcosa. Poche parole. Lei alza lo sguardo, ha gli zigomi rossi. Lui le prende una mano e infine corrono via. Si allontanano con una velocità e una leggerezza che rende quasi ovvia la loro destinazione.

Io continuo per la mia strada. C'è una biblioteca nella mia zona, un luogo piccolo ma accogliente, pieno di quel calore che solo i libri sanno emanare. Ci andavo da ragazzino per studiare, i nonni in casa facevano troppa confusione. Ora vivo da solo e sono costretto ad andarci per il troppo silenzio. Che alla fine uno si abitua al rumore di una persona e poi non può farne a meno. E io non riesco più a scrivere. Ma Giulio ha ragione, in qualche modo devo pur ricominciare.

Mi ritrovo sulla soglia di quella che una volta era una

libreria e che, per grazia concessa dal Comune, ha conservato la sua anima, che continua a fare ciò per cui era nata: ospitare libri.

Schiaccio la sigaretta sotto la suola e poi entro. Un'anziana signora mi sorride con gli occhi. Qui dentro è tutto di legno, dal pavimento al soffitto, passando per gli alti e sovraffollati scaffali. In giro c'è qualche studente concentrato nello studio, un signore che legge in un angolo della stanza, stringendo forte il suo bastone tra le braccia. E poi ci sono io che cerco un posto dove sedermi.

Tiro fuori il Mac, apro un foglio bianco e di colpo mi sembra di non saper fare nulla. Mi prende il panico ed è come se fino a oggi non avessi mai scritto una parola. È tutto bianco e mi sento disorientato perché mi trovo circondato da parole, da dorsi di libri colorati pieni di caratteri che nella mia mente non hanno più un significato. Mi gira forte la testa, chiudo gli occhi, mi stringo con due dita la parte alta del naso e provo a respirare. Quello che sento è solo il rumore che fa una mancanza che prova a colmarsi. È il rumore delle cose perse che tornano al loro posto.

Potrei scrivere di questo.

Inizio a battere sulla tastiera: «Hai mai provato a colmare una mancanza?»

Potrebbe andare come titolo. Ora il problema è cosa scrivere. Ci penso un attimo, qualche minuto, troppi minuti, forse un'ora. Non lo so. Qui dentro fa caldo e c'è un solo orologio, grande e bianco che picchietta ogni secondo, ma non mi va di guardarlo perché il tempo che passa mi fa sempre rabbia. Un po' come quando arriva la notte e penso che un'altra giornata se n'è andata, che la vita è un album di figurine di tramonti, che è tutto contato, che c'è sempre un limite, una fine prestabilita. E m'incazzo, ho il sangue alla testa. Allora devo evitare di prestare attenzione al tempo, così magari il tempo si dimentica di me, almeno per un po'. È una buona tattica? Probabilmente no.

Alzo gli occhi e la mente si svuota da ogni pensiero e si colora di cobalto.

Le arrivano alle spalle, quei capelli che sanno come farsi notare. Un maglioncino beige e dei jeans con degli strappi sulle ginocchia.

Ha qualcosa. Non ho idea di cosa abbiano visto i miei occhi. Ma ha qualcosa.

Per il momento l'unico dettaglio che noto è una pila di libri tra le sue braccia e la faccia un po' persa di chi prima o poi combinerà un casino.

Quando vedo una testa colorata con qualche tinta accesa mi viene sempre il solito dubbio: ha carattere o sta solo fingendo di averne uno?

Lei mi guarda, accenna un sorriso e contrae i muscoli delle braccia per stringere ancor di più i libri al petto. Poi fa una specie di saltello e prosegue nella direzione in cui era diretta. I capelli ondeggiano dolcemente a ogni passo e mi sembra di avere il mare della Sardegna a qualche metro da me. Ma qui dentro il sole non entra, le tapparelle sono chiuse e la luce al neon sopra la mia testa ha iniziato a fare le bizze.

Sembra banale, lo so. Se ripenso al discorso che ho fatto l'altro giorno, mi vien da ridere. Perché? Come la spiego questa sensazione? Passare da uno stato di quiete ad avere un formicolio in tutto il corpo, come se ogni cellula stesse fermentando. Forse siamo solo dei chicchi d'uva e l'amore ci trasforma in vino. Forse dico solo idiozie. Attorno a me tutti stanno leggendo un libro. Tutti sono impegnati, attenti. Io sto fissando un corridoio vuoto. Perché? Solo perché un momento fa è passata una sconosciuta. È assurdo come si possa passare dal provare niente al sentirsi... Non so nemmeno più spiegare come mi sento.

Se questi miei pensieri fossero un libro, il lettore penserebbe che mi sono innamorato, che in un attimo ci sono ricascato.

Mi sono davvero innamorato? Basta così poco? Giulio mi direbbe: «Ze', ti sei solo infatuato».

A questo punto gli chiederei: «Non è la stessa cosa?»

«No, no, dai retta a me. L'infatuazione è un pizzicotto. 'Na cottarella, insomma. L'innamoramento è altro. È uno schiaffo in faccia che ti prende alla sprovvista mentre stai facendo altro.»

Probabilmente gli darei ragione pur di non farlo andare avanti con i suoi paragoni.

Ma ora che ci penso, ho sentito un pizzicotto o uno schiaffo? Forse entrambe le cose. Mi sembra di essere finito sotto un'auto o in un tritacarne. Insomma, mi sento sminuzzato in tanti piccoli pezzettini, tutti con un cuore pulsante, altrimenti non sarei più io.

Gli scrivo: «Giu', ma se mi fossi innamorato?»

E poco dopo mi risponde: «Ma non ti sei stufato? Non puoi fingere come fanno tutti di essere un gran sentimentalone e poi nella vita privata essere un grandissimo stronzo, freddo come il marmo? No? Proprio non ti riesce?»

Io continuo a credere che lui non si sia mai innamorato. Mi ha sempre dato quest'impressione, di essere uno che scivola sopra le cose, fa aquaplaning sui sentimenti.

Glielo richiedo: «Ti sei mai innamorato?»

Lo so che dovrei concentrarmi sul pezzo da scrivere, ma ormai sono perso e preferisco distrarmi ulteriormente facendo altro.

«Insisti ancora? Pensa a lavorare!»

Non ha tutti i torti.

Cancello il titolo di prima, non riesco più a sentirlo mio.

La prima cosa che mi viene in mente dopo tanto silenzio è: scintilla.

È come uno schiocco di dita, un secondo in cui tutto si ferma ma due elementi continuano a procedere al rallentatore. In questo caso lei e io. Ma non riesco a darmi una spiegazione perché non mi era mai successa una cosa simile, non così, esattamente così, almeno.

È un po' come quando ti abbassi per prendere un oggetto che ti serve da un mobile basso e quando ti rialzi sbatti la testa contro uno spigolo. Era sempre là, è solo che, abbassandoti, non c'hai fatto caso inizialmente, ma alla fine l'hai sentito, l'hai sentito eccome.

Le scintille sono questo: nient'altro che dettagli a cui non avevamo prestato abbastanza attenzione. Ma quando te ne rendi conto, sono incredibili, sono giganti.

Episodio 141: Tu ci credi al colpo di fulmine?

Nella vita ho sempre avuto poche certezze, una di queste è che mi sono innamorato.

Non è capitato spesso, sono troppo selettivo per perdere la testa facilmente, però è successo e ogni volta è stata diversa dalla precedente. Anzi, vi dirò di più: ogni volta ero convinto che fosse la prima volta. Un po' come se l'amore fosse un libro che stai leggendo. A un certo punto c'è la svolta che stavi aspettando, poi vai avanti, leggi qualche pagina e ne arriva un'altra, più grossa, che ti lascia a bocca aperta. Allora è normale chiedersi che cosa rappresentasse la prima: una vibrazione più intensa del solito? Nulla di che, insomma.

La mia idea sull'amore è cambiata molte volte con il passare del tempo. Credo sia normale. Si va avanti e si scoprono nuove cose. Per esempio, che in amore non si sceglie, si ama e basta. Al massimo puoi tirarti indietro o rinunciare prima del tempo, ma non è che dall'oggi al domani te ne esci fuori dicendo: «Oh, guarda quella, ora m'innamoro di lei». Cioè, manca proprio il tempo di pensarlo, perché quando succede, succede e basta, sei fulminato. Come una lampadina che di colpo si spegne, solo che l'amore fa l'opposto e di colpo ti accende.

Puoi trovarti nel periodo peggiore della tua vita, distrutto, esausto, con gli occhi scarichi, privo di forze e pieno di nostalgia. Puoi pensare di non avere voglia, di essere stufo, che le conseguenze le stai sentendo tutte addosso.

Puoi dire ai tuoi amici che hai smesso, il tuo l'hai fatto e non è bastato. Puoi credere alle tue parole, illuderti che sia così. Ma basta un attimo per ritrovarsi spaesati senza alcuna certezza. In un Paese straniero con i lineamenti di una persona. Incontri qualcuno e provi una sensazione diversa. Ti senti rigenerato e per un momento ti scordi del tuo passato. Magari tentenni, rimani in bilico sul filo dell'indecisione.

Provarci o non provarci? Il cuore sa cosa fare, la mente tenta di fermarti. Ma le gambe di colpo sono leggere e vanno avanti da sole, ti ritrovi davanti due occhi che ci sanno fare e inizi a parlare e ti vien voglia di conoscere, di scoprire cose nuove, che le novità non ti sono mai sembrate così interessanti.

Se non credi al colpo di fulmine, è solo perché non l'hai mai provato.

5

Legami

-500 GIORNI AL MIO CUORE SPEZZATO

OGGI è mercoledì. È ottobre già da un po'. È una di quelle giornate che sanno metterti di buon umore. Mi affaccio alla finestra, l'aria è abbastanza fredda, da farmi pizzicare le guance, e poi c'è il sole che fa finta di scaldare tutto ma se lo guardi bene è lì, in posa, in mezzo al cielo, a non fare nulla.

Oggi poteva essere una giornata come tante. Fino a ventiquattro anni fa era così. Ma la vita è fatta di eventi, di date da cerchiare in rosso sul calendario e di altre che non hanno bisogno di un promemoria, ti saltano alla mente per forza.

La casa di mio nonno ha un grande giardino circondato da una recinzione arrugginita, con un piccolo portoncino alle cui spalle c'è sempre un cagnolino, Jack, a fare la guardia, a osservare ogni cosa.

Il suo guaito stridulo lo avvisa del mio arrivo. Fino a qualche anno fa, metteva la testa fuori dalla porta per controllare chi fosse, se il postino o qualche vicino. Ma il tempo passa e consuma le persone.

Entro in casa, Jack mi segue ovunque, felice.

«Sei venuto», dice il nonno.

«Come stai?»

«Quando ti abitui al dolore, puoi dire di stare bene o è solo finzione?»

«Se avessi ottantacinque anni, non mi farei problemi a dire di sentirmi in pezzi», gli sorrido.

Lui ricambia e mi guarda con degli occhi piccoli piccoli, due flebili fessure sepolte sotto delle palpebre con così tante pieghe che sembrano una coperta sopra a un letto sfatto.

«E tu, come stai?»

«Mi sento in pezzi.»

«Anche a ventotto anni vedo che non ti fai problemi a dirlo», ride.

In cucina c'è una stufa a pellet che sbuffa aria calda e illumina la stanza. Le piastrelle gialle con un disegno strano riflettono i giochi di luce e il mobile giallo incassato in una parete mette in risalto il passare del tempo mostrando tutte le sue crepe.

Nonno se ne sta seduto sulla cassapanca, con la schiena piegata in avanti. Mi versa da bere del succo d'arancia, la mano gli trema un po' ma è ostinato e porta a termine ogni suo movimento. Le pareti sono piene di foto, solitamente il tavolo è vuoto, ma oggi ce n'è una pure lì, in bella vista, con un cerino acceso. Lui non ci fa neanche caso, a me cade l'occhio su ognuna di esse. Provo nostalgia per un tempo che non ho vissuto, per delle conversazioni che non ho avuto, per quelle parole che non ho scambiato. Ci sono i miei genitori sdraiati sulla neve. Papà con una tuta da sci marrone, mamma vestita tutta di giallo – dev'essere stato il colore preferito di questo ramo della famiglia, non c'è dubbio. Foto allo zoo, nonna, io e un cerbiatto. Montagne alle nostre spalle. A volte il mare, qualche lago, qualche risata, qualche sguardo perso che non si aspettava di essere stato immortalato. Nonno sembra un imprenditore, sempre vestito bene, dritto con la schiena, come se tutto il peso del mondo fosse sulle sue spalle e lui, noncurante, se lo portasse appresso con disinvoltura. Poi tutto è crollato.

I castelli di carte crollano sempre. E noi siamo questo, dopotutto. Mazzi di carte che si mischiano tra loro. Alcune si perdono, altre raddoppiano, altre vanno a formare dei castelli più alti, altre ancora si lasciano trascinare dal vento. E quando ci mescoliamo, poi non ne usciamo più come prima.

Guardo nonno e mi sembra di vederli tutti: mamma, papà, nonna.

Nonna è stata l'ultima a lasciarci. L'età se l'è portata via. Non ho mai visto nonno piangere, nemmeno quella volta, sei anni fa. Il giorno del funerale la mia faccia era devastata, a momenti non riuscivo neanche a respirare, il singhiozzo tra un pianto e l'altro a volte quasi mi soffocava. Lui, invece, era ancora impassibile. Ha appoggiato un mazzo di fiori sulla bara, ha sfiorato con le dita la sua foto, in cui rideva. Si capisce che una foto è bella non perché il soggetto risulta perfetto, ma semplicemente perché ancora adesso se la guardo riesco a sentire la potenza di quella risata. Poi ha fatto un elogio semplice. Qualche parola, sicuramente perfetta. Nonna non voleva farsi compatire troppo. E alla fine l'ho accompagnato a casa. Mi ha abbracciato forte, ho sentito le sue braccia dentro le mie. È durato parecchio, quel momento. Si è protratto più del dovuto, non si capiva chi dei due ne avesse più bisogno. So solo che a un certo punto è terminato, mi ha salutato, è rientrato in casa e si è chiuso la porta alle spalle. Tutto qua, e la sua giornata a quel punto poteva considerarsi conclusa. Io sono rimasto ancora qualche minuto sul terrazzo a guardare quel giardino tutto bianco, quel giorno aveva nevicato. Le nostre impronte sul vialetto, gli alberi pesanti più del solito. Il rumore del traffico sulla strada e poi un altro tipo di rumore, inusuale, alle mie spalle.

Non ho mai visto nonno piangere. Ma quel giorno l'ho sentito crollare e mi ha fatto un male cane.

Ora siamo qui che non abbiamo nulla da dirci. C'è una radio accesa nell'altra stanza. E tanti occhi che ci guardano in questa. Io con lui sono sempre in imbarazzo.

E poi mi chiede: «Con Elisabetta tutto bene?»

«Non la vedo più da un mese.»

«Non mi è mai piaciuta.»

«A te non è mai piaciuta nessuna delle mie ragazze.»

«Ti hanno lasciato tutte? Sì. Avevo ragione io. Nonno non si sbaglia mai.»

«Papà ti piaceva?» Mi accorgo solo ora di non averglielo mai chiesto. Mi ha cresciuto lui ma certi discorsi non li abbiamo mai sfiorati. Nonna mi ha detto che quando mamma se n'è andata lui si è fatto più freddo e, allo stesso tempo, più calmo. Diceva che una volta era intrattabile. Non aveva mai cambiato un pannolino e si rifiutava di fare regali. Poi è diventato un altro. Ha cominciato a prendersi cura di me quando lei non poteva. E mi ha viziato più di quanto abbia mai fatto con sua figlia. Il dolore ti cambia.

«Era un brav'uomo. Testardo. Ci litigavo spesso. Ma tua madre era felice e tanto mi bastava.»

«Be', scusa, anche Teresa ed Elisabetta non erano così male.»

«Non ti ho mai visto felice insieme a loro. È questo che conta, alla fine di tutto.»

A pensarci bene, non ha tutti i torti. Mi credevo felice ma

non lo ero. Sopportavo certi difetti, certi comportamenti. Mi facevo andare bene un sacco di problemi solo perché ero convinto di aver trovato la persona giusta. Allora cercavo un compromesso, ma a rimetterci ero sempre e solo io.

C'è un lungo silenzio tra di noi. Lui sorseggia un po' di succo, io fisso il fondo del bicchiere vuoto mentre con la mano faccio ondeggiare le ultime gocce.

«E il lavoro come va?»

«L'altro giorno ho scritto un nuovo pezzo. Presto sarà online.»

«Guarda che ti ascolto sempre.»

«Lo so, nonno.»

«Sono il tuo fan numero uno.»

«So anche questo.» Vorrei abbracciarlo ma evito.

«Però parla di qualcosa di più allegro!»

«Il prossimo pezzo parlerà dei colpi di fulmine.»

Mi guarda storto con i suoi occhietti piccoli piccoli. Si morde il labbro e pensa a qualcosa da dire.

«La vita è breve, goditela.»

Resto un po' sorpreso.

«Tutto qua? Mi aspettavo un'altra risposta.»

Si alza in piedi a fatica. Si avvicina alla mia sedia e poi mi abbraccia.

«Sei grande abbastanza da conoscere i tuoi tempi. Se credi che sia il momento, allora è il momento.»

«Grazie, nonno», ricambio la stretta ma con molta dolcezza.

«E se credi sia quella giusta, non dimenticarti di presentarmela. Non sarò qui per sempre!»

«Nonno!» Lo guardo indispettito.

«È così, e lo sai anche tu. Lo sappiamo bene entrambi.»

Gli do un bacio sulla fronte e infine mi congedo. Fuori

si è alzato un po' di vento. Jack mi passa tra le gambe, salta le scale e mi accompagna all'uscita. Il rumore del traffico è sempre lo stesso ma questa volta nessuno sta piangendo.

Passo in rassegna il cielo, non c'è neanche una nuvola. Mi sento un po' triste. Quando richiudo il cancello dietro di me e sento scattare la serratura, mi attraversa la mente sempre lo stesso pensiero: potrebbe essere stata l'ultima volta.

L'ultimo abbraccio, l'ultima chiacchierata, l'ultimo saluto. E allora mi sento veramente triste.

Episodio 144: In cosa credo?

Credo in quelle persone che hanno il coraggio di dirsi: «Mi manchi». Che sanno fare un passo indietro, un salto in avanti, una piroetta, un lancio nello spazio, pur di raggiungerti.

Credo in quelle persone che ogni motivo è buono pur di ritrovarsi, di tenersi stretti, che «la giornata è uno schifo se non ti vedo, se non ti sento».

Credo nei fatti, in chi sa dimostrare, che metterci il cuore non è una cosa da poco, a parole sembra un attimo ma la parte difficile arriva dopo.

Credo in quelle persone che non hanno intenzione di scappare, hanno due occhi grandi e tu ci sei dentro, completamente.

Credo nelle litigate, seguite dai baci, dalle parole dolci, sussurrate, dalle mani che toccano tutto, dalla voglia di viversi fino all'ultimo centimetro, fino all'ultimo secondo.

Credo in quelli che: «Ah, a volte proprio non la sopporto» e alla domanda: «Perché non te ne vai?» ti rispondono: «Perché a me interessa solo lei».

Credo in quei corpi che combaciano perfettamente fino all'ultimo millimetro della mente, che ogni pensiero è sincronizzato, e, prima di dire, fanno.

Credo che le storie più grandi vadano costruite di giorno in giorno e richiedano impegno, cuori sgonfi d'orgoglio, occhi pieni d'amore e determinazione. Progetti e sogni da realizzare.

Credo nelle vibrazioni di certe anime, corde tese di violino e sguardi come mani che le fanno tremare. Nascono melodie meravigliose dalla complicità di chi si sa tenere.

Credo in quelle persone che si sanno conquistare ogni giorno, che una storia è fatta di tanti piccoli momenti e ostacoli, ci vuole continuità, ci vuole passione, un po' di follia, quella scintilla negli occhi che non se ne va mai via.

Ci vogliono i momenti no per capire chi hai al tuo fianco, le giornate di sole per sopportare tutto il resto.

Ci vogliono i ricordi, anche se esigono di restare per sempre, che a volte sembra essere un prezzo troppo alto da pagare, e ti sale la voglia di cancellare ogni cosa.

Ci vuole carattere, la forza di dire no quando serve, la tenacia di qualcuno che non si perde altrove, che vuole te e te soltanto.

Ci vuole eleganza, ci vuole poesia, altrimenti è tutto un vivere nell'apatia.

Ci vuole il romanticismo, a piccole dosi, a mo' di cioccolatino, oppure a valanga, dipende sempre da chi hai davanti.

Ci vuole attenzione, perché devi osservare per non inciampare in un errore. Se non noti i dettagli, hai già perso in partenza. Perché sono i dettagli a farti perdere la testa.

Ci vuole il coraggio di non badare all'orgoglio, di lasciarlo in un angolo, che qui si ha voglia di capire, di chiedere scusa, se serve.

Sono i piccoli gesti a farti spiccare i voli più belli, quelli che a momenti accarezzi il cielo con la punta delle dita.

Credo in quelle storie che ti fanno girare la testa, che lo capisci fin dall'inizio che sta accadendo qualcosa, che non è il solito, che certe persone ti stanno sulle palle a pelle, altre, invece, fanno fiorire girasoli per le farfalle che hai nello stomaco.

Credo che, se lo vuoi, puoi tutto. E se ci tieni, non

lasci andare al primo temporale ma stringi forte anche se ti sanguinano le mani e la pioggia ti fa chiudere gli occhi.

Credo nei graffi, al sesso dopo certe litigate, a quelle coppie che ogni tanto vedi in giro che si stritolano in certi abbracci e si sussurrano cose e poi ridono e il mondo nemmeno le sfiora.

Credo che a certi errori si possa sempre rimediare e che a volte, invece, bisogna imparare a dirsi addio, a starci male.

Credo nel lieto fine, ma in quanti sono disposti a lottare fino in fondo senza perdersi in altre bocche, in altri profumi, in altre menti?

Mi piacciono quelle storie dove non ci si lascia perdere, che hanno qualcosa d'interessante da dirsi, che hanno un sacco di cuore da darsi. Non parlo di storie perfette, parlo di storie che a volte hanno come sfondo il sole e poi un cielo stellato, che si sanno alternare e tutto va bene ed è meraviglioso, a volte però vengono circondate da un violento nubifragio e i vestiti sono zuppi però ci si guarda negli occhi e si decide di restare, ci si tiene stretti in mezzo ai fulmini, la pioggia, la vita, ci si aggrappa l'uno all'altra.

Mi piacciono quelle storie dove si parla tanto e non ci si annoia mai, dove ci si racconta la giornata, cose piccole e probabilmente stupide che però si vuole condividere con chi ti sta ad ascoltare. Che l'amore, alla fine, è decidere di dedicare il proprio tempo, le proprie attenzioni a una persona sola, non perché non si ha di meglio da fare, ma solo perché lei è davvero importante e anche i dettagli più insignificanti assumono tutto un altro valore se la riguardano.

Mi piacciono quelle storie che fanno scintille e poi fanno divampare incendi che viste da fuori tutto sembra privo di controllo e invece è tutto okay.

Mi piacciono quelle storie che non seguono le regole,

che fanno a modo loro, che i più, alla fine, si amano per noia, e solo pochi ci sanno fare davvero.

Mi piacciono le cose semplici, come imparare a conoscere la stessa bocca, respirare un profumo fino a riconoscerlo anche in mezzo a una marea di persone, studiare il corpo dell'altro, sfiorarne le curve, esplorare ogni centimetro della pelle, accarezzare ogni neo, ogni cicatrice. Spogliarti di ogni paura, di ogni pensiero, che «ti lasci invadere tu, sei tanto forte ma non hai difese».

Mi piacciono le cose semplici, sapere che ci sei, sapere che ci sono. Che non ti posso portare la luna, questo lo sai, è un'impresa impossibile, però ti posso portare a vedere il mare quando l'ansia è tanta e senti il bisogno di respirare più forte. So che vai pazza per i tramonti e allora ti prometto che da oggi in poi scandiremo i giorni insieme, contando i tramonti che ci passano davanti agli occhi, e così, anche se lontani, ogni giorno a una certa ora penserai a me, penserò a te, ovunque nel mondo, sempre noi.

Credo che certe persone non s'incontrino per caso.

Credo nell'esistenza delle eccezioni, perle rare che sanno rendere prezioso un sentimento.

Credo nei baci dati sotto la pioggia, credo che certi posti abbiano un nome diverso a seconda di chi te li ha fatti scoprire.

Credo nelle storie che vanno su e giù, che trovano un equilibrio tutto loro, a volte un po' folle, a volte regolare.

Credo che per sorridere ogni giorno ci voglia un pizzico di pazzia e qualcuno al tuo fianco che l'apprezzi e la condivida con te.

Credo nella bellezza di certe coppie, tipo quel ragazzo che ho visto prima, seduto su uno scooter con un mazzo di rose in mano. Sorrideva come un cretino, probabilmente non vedeva l'ora di vederla scendere per sorprenderla. Quella ragazza avrebbe potuto anche presentarsi in pigiama e, ai suoi occhi, essere spettacolare comunque.

Credo che non ci sia vergogna ad amare qualcuno, che la vita sia più divertente in due.

Credo nella complicità di certe anime.

Credo che alcuni ricordi lascino il segno e che certi sbagli vadano bene la prima volta e poi siano da evitare, e che altri te li devi ricordare bene che alla prima occasione devi coglierli al volo pur di rifarli.

Credo ai ritorni di fiamma, che alcuni chiodi fissi una volta che s'incastrano tra i tuoi pensieri non li togli più.

Credo che, se hai toccato l'apice e poi è finita, puoi andare avanti, puoi provarci, almeno, e cercare persone nuove ma niente ti soddisferà allo stesso modo.

Credo che di qualcuno avrò sempre nostalgia.

Credo che quegli occhi non me li leverò mai dalla testa.

Credo che, a volte, sia solo il momento a essere sbagliato e, se due lo vogliono davvero, lo possano correggere, che certe persone non ricapitano e bisogna saperle prendere quando se ne ha l'occasione e non dopo, quando è troppo tardi.

Credo a quelli che: «Mi sta venendo voglia di baciarti, anzi, credo di avere sempre voglia di baciarti». E anche a quelli che: «Se ti va, più tardi passo da te, e se c'è da parlare, parliamo, e se c'è da restare, io resto».

Credo nei baci dati perché ne senti il bisogno, perché la sua bocca è il centro del mondo.

Credo che solo pochi si meritino il tuo sonno e le tue notti.

Credo che certi discorsi funzionino solo quando il cielo

è nero come un abisso e hai la luna davanti che ti guarda e ti sussurra le parole giuste.

Credo che a volte gli occhi bisogna chiuderli, che l'amore non si basa sulla vista.

Credo nei cuori d'altri tempi che dicono le cose come stanno, che non si tirano indietro perché riconoscono il valore di una persona, che vanno in profondità, che scavano, che vogliono conoscere, che le persone interessanti sono tutte da scoprire e ogni giorno sanno aggiungere qualcosa.

Credo che a volte vada bene essere tristi e sentirsi lontani da tutti, è il prezzo da pagare per avere un cuore così, che non tiene a freno i sentimenti: toccare il fondo per poi sfiorare le stelle, a volte per sempre.

6

Sai cosa voglio?

-490 GIORNI AL MIO CUORE SPEZZATO

È PASSATO qualche giorno dalla mia visita in biblioteca e da allora è successa una cosa che non mi sarei aspettato. Sono tranquillo. A momenti l'assenza di Elisabetta si fa ancora sentire, ma per la maggior parte del tempo è solo un puntino, me la immagino rannicchiata in un angolino della mia mente, inerme, incapace di ferirmi ulteriormente.

C'è una sorprendente voglia di novità che sta crescendo in me, di giorno in giorno, sempre di più.

Mi sento diviso a metà tra la tentazione di conoscere la ragazza dai capelli cobalto e il desistere da questa follia, perché di questo si tratta. Un due di picche adesso potrebbe mettermi definitivamente al tappeto e a quel punto non credo che basterebbe il supporto di Giulio per tirarmi nuovamente su.

Sono steso a letto, Bowie sta cantando *Station to Station*, mentre io fisso il soffitto e mi chiedo cosa sia giusto fare. Forse è troppo presto. Forse non esiste sul serio un momento giusto, basta cominciare.

Ho troppi dubbi ma dicono che i vent'anni sono il periodo delle domande e della depressione, che, lo capisco, a suon di farsi troppe domande senza trovare mai delle risposte ci s'intristisce facilmente.

È quando non te lo aspetti che il destino viene in tuo aiuto. Così, mentre divago troppo, come sempre, Bowie urla «*It's too late*» e forse ha ragione, forse è troppo tardi, forse dovrei muovermi e non perdere altro tempo.

Così mi ritrovo in mezzo a tutti quei libri e lei è subito all'ingresso, dietro a una piccola scrivania bianca. Allora mi muovo, penso di potercela fare, ma senza troppa convinzione. Chi ascolta il mio podcast mi ringrazia perché per loro sono un gran motivatore, ma nella realtà mi tremano le gambe e questi pochi passi che mi separano dalla sua postazione sembrano la salita più ripida che io abbia mai affrontato. Ma ce la faccio, ce la faccio.

«Ehi, io... tu...» O forse no.

«Hai bisogno di qualcosa?» Ha degli occhi color nocciola che... non avevo mai visto niente di simile. Cioè, occhi di quel colore, sì, un'infinità, ma con quella stessa sfumatura, nessuno.

«Ecco, sì, io...»

«Sei nel posto giusto, se ti mancano le parole», ride e scopre uno smile, il piercing che si trova sotto al labbro superiore.

Dannazione, volevo nascere sicuro di me, o almeno diventarlo nei primi anni della mia esistenza, ma vivo dentro questo guscio rigido e impacciato, perennemente imbarazzato, al cui interno si celano combinazioni di parole meravigliose che non sanno manifestarsi, mettersi in fila indiana per uscire fuori belle ordinate, composte, adorabili. No, devono fare ciò che vogliono. Non comando io, sono in balìa delle emozioni di *Inside Out*, solo che non sanno decidersi, premono tasti e tirano leve completamente a casaccio.

«Hai, ehm, per caso, una copia di...» noto un libricino aperto a metà sulla scrivania, il dorso è consumato, gli angoli di alcune pagine hanno le orecchie, si tratta de *Gli amori difficili*, se è suo, vuol dire che le piace. «Sì, di *Palomar*? Sai, di Calv...»

«Calvino, certo. Un attimo che controllo», si sporge in avanti per digitare velocemente qualcosa sulla tastiera davanti a sé, mentre lo fa le si scoprono i polsi e sotto una manica noto un tatuaggio, una scritta in latino, *Nemo in amore videt*, «Nessuno innamorato vede», come a dire che l'amore rende ciechi. A quanto pare, la pensiamo allo stesso modo. Intanto, continua a masticare il chewing gum e alla fine sentenzia: «Purtroppo non ne è rimasta nemmeno una a disposizione, mi dispiace». Ma non pare tanto dispiaciuta, sorride e sembra frizzante.

«Ah, ehm, pec-peccato.» Nella mia testa sono capace di approcciarmi con naturalezza, come un donnaiolo affermato, sicuro di me. Nella realtà non riesco nemmeno a dire uno stupidissimo ciao che mi sembra di sbagliare tutto prima ancora di poter sbagliare, e alla fine cosa faccio? Sbaglio, ovvio.

Continua a fissarmi, come in attesa di qualcosa, di una risposta? Forse di qualcosa di più. Sembra diversa dall'altro giorno. Decisa, per niente persa. Pimpante, fuori posto per lavorare in una biblioteca. Però mi piace. Fisicamente è come Carla Gugino da giovane, di bassa statura, magra ma non troppo, con le curve al punto giusto, la pelle abbronzata, le braccia affusolate, gli zigomi pieni, un po' di occhiaie. È solo che non sono più un ragazzino, non mi basta più la bellezza esteriore. Per sentirmi sazio, devo conoscerla meglio.

«Grazie», le dico. Mi giro, perché io i segnali proprio non li so intercettare. Allora mi sorprende.

«Aspetta. Ti va di uscire?» Mi fa l'occhiolino e si arriccia una ciocca con un dito.

«Come, scusa?»

«Volevi chiedermi questo, sbaglio? Non serviva disturbare il signor Palomar. Anche se un po' me lo ricordi, con le sue paranoie.» Sorride e sembra una dea quando lo fa. Un po' sprezzante, certo, eppure mi piace. La trovo meravigliosa.

Prima regola per non soffrire: non innamorarsi.

Dannazione, mi sa che ci sono cascato un'altra volta.

E ora sono guai, guai seri. A guardarla, riesco a vedere la mia rovina e, allo stesso tempo, un senso di pace si mescola a qualche fulmine ed è un quadro stupendo da osservare.

Un signore anziano, quello dell'altra volta con il bastone, le si avvicina piano piano, si schiarisce la voce e poi, sempre molto lentamente, le restituisce un libro che ha finito di leggere e ne appoggia un altro sulla scrivania, per portarselo via. La ragazza dai capelli color cobalto si fa seria di colpo. Prende un taccuino Legami, con un piccolo fulmine inciso sopra. Lo apre, sfoglia svariate pagine, è strapieno di appunti ma non riesco a leggere nulla. Arriva a metà, scrive qualcosa, strappa la pagina e poi me la porge, mi saluta con un semplice «Ciao» e riprende il suo lavoro con una professionalità che non le attribuivo.

Sul foglietto c'è scritta la data di domani, un orario, le 20, e un luogo, *Pub delle arance*. In un angolo c'è una faccina sorridente.

Esco e prendo fiato. Le gambe tremano ancora e pure il

resto del corpo non scherza. Mi sembra di essere tornato a scuola, ai tempi dei foglietti con la domanda: «Vuoi metterti con me?» e le caselle con le risposte multiple: «Sì/No/Forse». Mi vien da ridere, poi un brivido mi attraversa la schiena. Ho sudato freddo mentre incespicavo nel disperato tentativo di chiederle qualcosa.

Riguardo quel piccolo tesoro che ho tra le mani e trovo che quella faccina a penna nera sia la cosa più bella che mi sia capitata nell'ultimo anno.

«Pensa un po' come sono messo bene», dico in un sussurro mentre mi chiudo la zip del giubbotto. Ho le dita un po' gelide per l'aria fredda che tira qui fuori ma non riesco a mettere via quel rettangolo bianco che sa tanto di nuova pagina, nuovo capitolo, un nuovo titolo, spero tanto un nuovo inizio.

Episodio 142: Perché le storie finiscono?

I sentimenti vanno rispettati. Se tu li descrivi in un certo modo, utilizzando determinate parole, allora devi far corrispondere delle azioni che siano all'altezza di quanto hai detto. L'errore più grande non è esagerare ma limitarsi al minimo, restando nella convinzione che sia sufficiente. Se prometti la luna, chi stai cercando di convincere? Lei o te stesso?

La fiamma iniziale con il tempo svanisce ed è in quel momento che si cominciano ad aprire gli occhi per la prima volta, a vedere la realtà per ciò che è.

Ma ci sono fiamme e fiamme. Se l'inizio è stato esplosivo, qualcosa di così incredibile da essere andato oltre qualsiasi confine che fino a quel momento avevate raggiunto, allora saprà resistere alle avversità. Un modo lo troverà. Perché è così che va. Gli amori giganti sanno sopravvivere a tutto. Quelli mediocri si lasciano dimenticare, rimangono alle spalle e non hanno la forza o la voglia di fare quella corsa necessaria per raggiungere chi se ne sta andando.

Perché le storie finiscono?

Se sono più le domande che le risposte, se vi trovate scomodi in silenzio, se la notte non sapete di che parlare, se un bacio dato dopo tanto non vi toglie il fiato, se non avete neanche voglia di litigare o se dopo esservi urlati contro di tutto non sapete ritrovarvi per fare pace. Se manca quell'elettricità in grado di illuminare una metropoli, se non arrossite più quando vi guardate, se mancano i morsi, se mancano i graffi, se il cuore batte solo per andare avanti, se non vi si ferma il battito quando la vedete arrivare dopo averla aspettata sotto casa più del dovuto, se il vostro cervello non si blocca davanti a tanta bellezza.

Ecco, se non provate nulla di tutto ciò, se è tutto regolare, se non vi sentite cambiati, se quando uscite insieme avete gli occhi di chi vuole tornare a casa solo per guardarsi la tv o starsene per ore sul divano, se quando vi sfiora non provate un brivido, se la dolcezza si è persa, se il romanticismo è morto, be', forse non è amore.

L'amore è molto semplice, sono le persone a renderlo complicato.

7

La felicità ti assomiglia

-490 GIORNI AL MIO CUORE SPEZZATO

QUANDO ci si trova in un particolare stato emotivo, si tende a individuare in varie occasioni delle situazioni simili a quelle che ci riguardano. Per esempio, una donna incinta tenderà a notare tutti i bambini che si vedono in giro, e rizzerà le orecchie quando sentirà parlare di parto, a tal punto che finirà con il pensare che, da quando è incinta, tutti improvvisamente parlano di gravidanza. Nei film, alla radio, al telegiornale. Parto, parto, parto. Lo stesso vale se ti rompi qualcosa, se la ragazza ti lascia, se hai i denti storti e lo consideri un problema, se perdi i capelli. Noterai gli arti rotti, i cuori in pezzi, i sorrisi diversi, le teste stempiate. La tua attenzione inevitabilmente cadrà là. Un pensiero fisso ti obbligherà a notare solo ciò che lo riguarda.

Lo stesso vale per me, in questo preciso momento, mentre sono sulla metro e ignoro una ragazza che piange, le chiacchiere di alcuni studenti, una signora scura in volto, gli starnuti della gente, un telefono che squilla, qualcuno con la musica a palla. Le mie orecchie si focalizzano su una risata, un uomo di mezz'età che parla al telefono a voce alta, credo con suo figlio, sembra entusiasta, deve aver passato qualche esame. Nei suoi occhi c'è una profonda soddisfazione e mi sento felice per lui, che in questo momento starà pensando che la vita è meravigliosa. Come posso dargli torto?

Un bambino, di sette, forse otto anni, stringe la mano a una sua coetanea, la guarda, quasi se la mangia e poi lei gli dà un bacetto sulla guancia. Lui batte i piedi e sorride. Sono teneri.

Io sono felice e noto solo il mio riflesso negli altri, non posso farci niente.

Episodio 145: Conosci la «Teoria dei bambini»?

È una teoria molto semplice, si può spiegarla con due parole: curiosità e fretta.

Si divide in 5 fasi.

Fase 1: la tentazione. Certi bambini sono così stupidi, vogliono un nuovo giocattolo, si stufano subito e lo mettono in disparte.

Fase 2: l'orgoglio. Se qualcuno, vedendoli concentrati su altro, prova a prenderglielo, s'incazzano da matti.

Fase 3: il sogno. Ti guardano per un po' come se fossi la cosa più bella del mondo, pensano già a una storia perfetta da ricamare intorno al tuo personaggio ma finiscono con il divagare così tanto che alla fine si perdono e non la portano a termine.

Fase 4: l'illusione. Se ne stanno buoni giusto il tempo di farti pensare che sia tutto okay, che sono contenti, che volevano te e te soltanto, ma stanno solo aspettando un'occasione, una sola, per lasciarti sola.

Fase 5: la consapevolezza. Il giocattolo tanto amato finisce in una scatola a prendere la polvere. Una scatola che il bambino osserverà di tanto in tanto senza provare più quel brivido iniziale. Magari qualche volta lo riprenderà in mano, magari no. E un bel giorno quella scatola verrà buttata via e sarà lontana, lontanissima. Diventerà un ricordo latente in grado di riaffiorare solo dopo un sacco di tempo e forse, solo allora, capirà di averti perso davvero.

Capita di ritrovarli più avanti, questi bambini, una volta cresciuti. Grandi e grossi ma la sostanza è sempre quella. S'innamorano, dicono di aver perso la testa per te, che tu li hai sconvolti, scombussolati, intontiti. Sembrano docili, quasi amabili. Come dei cuccioli con gli occhi grandi, li guardi e ti vien proprio voglia di portarli a casa.

Allora tu cosa fai? Ti mostri esattamente per ciò che sei. Non fredda, diciamo sincera, sicuramente diretta, raramente sulla difensiva. Se ti piace qualcuno lo fai capire e poi, diciamocelo, non servono parole, con te basta uno sguardo, che è come un lampo e in un attimo tutto si fa chiaro, così evidente, non trovi? Con te è tutto semplice, una discesa infinita eppure ti complichi la vita perché ti ostini a cercare solo chi non sa vedere, non sa capire, non sa apprezzare, e guardando il mare vede solo acqua, in un tramonto vede solo la fine di una giornata, in cima a una montagna non vede l'ora di scendere e con te davanti si guarda intorno, come se non fossi abbastanza.

Sei diretta, come stavo dicendo, ma sei anche un po' timida, ti butti e poi incespichi, hai così tanto da dire e al mondo esistono troppe parole per descrivere un'emozione e ti senti rossa, sfumata, rosé come quel tramonto che sta incendiando il cielo e ti senti immensa, profonda, luccicante e mai la stessa come quel mare che si muove davanti ai tuoi occhi. Ma qualcuno, oh, qualcuno proprio non vuole capire che tu non aspetti in eterno, che vai presa subito, che certe occasioni non ricapitano più. Cioè, quanti momenti del genere pensi di poter vivere in vita tua? Momenti in cui tutto sembra scorrere per il verso giusto come un fiume che sa sempre dove andare a sfociare.

È assurdo, proprio assurdo, che nessuna mano si poggi sul tuo visino morbido, niente ti sfiora, niente ti accarezza, e a cosa servono quelle dita, allora? Che hai delle labbra che aspettano solo di essere baciate, e quei pensieri ingestibili come i capelli di Medusa non aspettano altro che qualcuno li districhi da qualche nodo di troppo. E poi hai quel cuore grande che ci vogliono due mani a sorreggerlo, forse anche quattro, e nessuno è disposto a prendersi questa responsabilità, che ha un certo peso e richiede un gran numero di attenzioni ma il punto è che ne vale la pena, perché alla fine è tutta gioia. Ma se chi hai davanti non capisce, se proprio non ci arriva, allora lascia perdere. È meglio per te, credimi.

Certi bambini crescono, diventano adulti, ma si fa solo per dire, perché, magia delle magie, non cambiano e restano per sempre bambini. Puoi provare a cambiarli ma ogni tuo tentativo non sortirà alcun effetto.

Apriranno la bocca per dire qualche cazzata e poi rideranno appena volterai loro le spalle. Sono fatti così: non sanno quello che si perdono.

E se mai un giorno dovessero crescere un minimo, forse lo capiranno. Ma non contarci troppo.

PS. Diventiamo tutti giocattoli nelle mani sbagliate.

8

Si vede, sai?

-490 GIORNI AL MIO CUORE SPEZZATO

L'APPARTAMENTO di Giulio è freddo quasi quanto lui. Le pareti sono colorate d'azzurro, le piastrelle bianche, non ci sono mobili, solo mensole, poche, e qualche ristampa di quadri famosi: Picasso, Magritte, Monet, i soliti grandi nomi.

«Cos'è che non mi dici?» Addosso ha una lunga vestaglia di pile con il disegno di tante roselline, sotto s'intravedono mutande e canottiera bianche, un sacco di peli neri sul petto, una foresta sulle gambe. In una mano una tazza fumante di tè, nell'altra una sigaretta spenta.

«Di che parli?» gli chiedo.

«Hai quest'aria...» Con la sigaretta traccia il mio contorno come se emanassi un'aura. «Non lo so, sarà un'impressione.»

Quando una persona ti conosce da anni, credo abbia l'obbligo di capirti con uno sguardo. La complicità a volte è spontanea, a volte si crea con il tempo, ma se non esiste, cosa ci si conosce a fare?

«Sarà», dico io.

«Ho parlato con Elisabetta, il tuo pezzo è piaciuto. Ti dirò di più, l'hai sorpresa!»

«Ah sì?»

«Si aspettava qualcosa di più triste, sai, in linea con... be', con te, con quello che sei, soprattutto nell'ultimo periodo. Ma ora mi sembri diverso, te lo devo proprio dire. Cosa ti è successo?»

Gli mostro il foglietto come se fosse un trofeo. Ne vado molto fiero.

«Il *Pub delle arance*», annuisce, poi continua, «lo conosco, è carino se ti piace bere mentre qualcuno canta dal vivo, ma non fa per me. Se ti va, andiamo in questo ristorante, però.» Prende un volantino da una mensola e me lo porge. È lo stesso che avevo trovato nella mia cassetta delle lettere l'altro giorno.

Mi vien da ridere. «Ma non è per te questo invito!»

«E per chi è?»

«È per me. Ho conosciuto una ragazza. Cioè, 'conosciuto' è esagerato. Diciamo che l'ho trovata per caso e mi ha chiesto di uscire.»

Non riesce proprio a nascondere lo stupore. Si chiude meglio la vestaglia e poi mi fa la solita domanda, d'obbligo in queste situazioni. «E com'è? È carina?»

«Bella è bella, su questo non ci piove. Ma c'è qualcosa in lei che mi fa proprio impazzire.»

«Cosa?»

«Non lo so, però ho smesso di pensare a Eli e credo sia positivo».

Giulio mi abbraccia e mi stringe fortissimo, sento i peli del suo petto che mi sfiorano il collo; un po' mi fa ribrezzo, però è un bel momento. Poi fa un passo indietro, mi appoggia le mani sulle guance e dice: «Ora scrivi un pezzo nuovo».

«Ma pensi solo a quello?»

«Il lavoro è lavoro!»

Scuoto la testa e alzo gli occhi al soffitto. Gli piace proprio comandare.

«Vabbè, meglio che vada.»

«Aspetta, dimmi almeno come si chiama!»

Bella domanda, come si chiama?

Episodio 146: È troppo presto?

Che follia pensarlo. E se fosse già troppo tardi? Ognuno ha i suoi tempi, e su questo siamo d'accordo. Ma io sono dell'idea che appena senti qualcosa, mentre il tuo cervello la sta ancora elaborando, il tuo cuore ha già pronto il risultato. E tu ne sei a conoscenza, al massimo stai facendo finta di niente. Vuoi qualche garanzia ma l'amore non è mica una compravendita.

Dicono che per perdonare ci vuole tempo.

Dicono che per tornare ci vuole tempo.

Dicono che per amare ci vuole tempo.

Ma se alla fine di tutto bastasse un attimo?

D'altronde siamo esseri umani, abbiamo un sesto senso, un ricordo primordiale. Noi viviamo d'istinti senza rendercene conto. Ed è vero che a volte aspettando un po' finisci con l'evitare un proiettile ma è vero anche che delle volte l'unica cosa che perdi è un'occasione e l'unica cosa che guadagni è un rimpianto.

Smettetela di ripetervi che non è il momento giusto.

È tutta pazza e non sai cosa fare? Baciala.

Siete due opposti? Completatevi.

Siete simili, quasi identici? Divertitevi.

Il lavoro è la tua vita? Non trascurare certe attrazioni. Ti svelo un segreto: più avanti non si ripresentano.

Non cercate scuse. Non provate a convincervi che evitare un sentimento sia la cosa giusta. Non convincetevi che la persona giusta debba ancora arrivare. Uscite da quella pazzia che è la ricerca della perfezione. Non troverete mai qualcosa di perfettamente combaciante, qualche difetto ci sarà sempre e saranno proprio questi a farvi impazzire. Le sbavature rendono uniche le persone. E magari, senza accorgervene, quella che poteva diventare la persona non dico giusta ma più adatta a voi, l'avete lasciata indietro, tra le braccia di qualcun altro, tra labbra diverse dalle vostre.

Le persone si perdono perché nemmeno ci provano a restare insieme. Folli, dico io.

9

Lei è diretta

-489 GIORNI AL MIO CUORE SPEZZATO

Mi trovo di fronte al *Pub delle arance*. L'insegna al neon illumina d'arancione i vetri delle auto parcheggiate qui davanti. È pieno di ragazze e ragazzi, birre, calici di vino, patatine a ogni tavolino. È più forte il rumore delle loro voci e delle risate che quello del traffico.

Sono le 20 spaccate. Mi guardo intorno ma non trovo il volto che cerco. Do un'occhiata all'interno ma nemmeno lì trovo una chioma cobalto come la sua. Decido di aspettare ancora un po', magari è solo in ritardo.

Vorrei chiamarla, ma non ho il numero. Non so nemmeno il suo nome, improvvisamente mi accorgo di trovarmi a un appuntamento al buio, o almeno a qualcosa di simile. L'amore acceca le persone. Mi torna in mente il suo tatuaggio. Forse è tutto scritto. Forse mi aspetta un destino tristissimo, così triste che la vita mi dà giusto qualche indizio ma non ha il coraggio di dirmelo chiaramente. Forse sono troppo precipitoso. Non è da me, lo so, a momenti proprio non mi riconosco. Forse è il mio cuore spezzato a farmi agire d'impulso. Forse una delle due metà non si vuole arrendere, ha ancora qualcosina da dare e non ha intenzione di lasciar perdere. Ma a soffrire sono solo io.

Sono circondato da coppie che sono un po' un susseguirsi di copie. Fanno le stesse cose, sembrano degli automi, e nemmeno se ne rendono conto. Lui fa una battuta, lei ride. Quell'altra si tocca i capelli e non smette di mangiarselo con gli occhi, ma chi ha di fronte nemmeno se ne accorge, preferisce guardare lo smartphone che mandare avanti una conversazione che per lui, a quanto pare, potrebbe morire lì. Ci sono una decina di tavolini qui fuori, tutti occupati. E queste scene si moltiplicano a due a due. È assurdo. Mi chiedo se anch'io faccio parte di tutto questo. I più si lasceranno e finiranno tra altre braccia, stretti ad altre bocche, si dimenticheranno il nome di chi hanno di fronte e ne scopriranno altri.

Pensare troppo m'intristisce. Tasto con la mano la tasca dietro dei jeans e ci trovo ancora il pacchetto di sigarette, tutto maltrattato. Lo apro, ne è rimasta solo una. La guardo un po'. L'attesa mi tenta. Basta così poco per dar vita a un vizio? Forse è solo la noia ad avermi portato fino a qui. Forse tengo ancora a Elisabetta. Credo sia normale restare affezionati anche dopo che è finita. Le auguro il meglio ma non voglio più averci a che fare. Però c'è questa dannata sigaretta che mi fa credere il contrario.

Con la fantasia scruto i possibili scenari come se stessi sfogliando un catalogo di mobili dell'Ikea. Ora m'immagino la ragazza dai capelli colorati che non si presenta, mi dà buca e io mi ritrovo davanti Elisabetta, così, per puro caso. Cosa farei? Forse le parlerei, forse riuscirei a riconquistarla. Magari potrebbe trovarsi a braccetto con un altro. E in questo caso vorrei ancora riprendermela? Mi sentirei dimenticato. Vabbè, tanto le persone devono essere libere di scegliere. Se n'è andata lei, io il mio l'ho fatto. Non sono uno che rincorre, soprattutto se chi mi ha lasciato al buio non è una luce da inseguire, ma è spento come tutto il resto. Non ne vale la pena. Prima o poi tutti se ne rendono conto.

C'è questa coppietta davanti a me. Lui è seduto sulla sella dello scooter, lei è altissima, con delle braccia lunghe che gli avvinghiano il bacino. Si stanno limonando pesantemente. Cioè, il rumore dei loro baci supera perfino quello delle voci alle mie spalle, però almeno mi distraggono da questa stupida sigaretta.

Non riesco nemmeno a vederli in faccia. Lei lo copre per intero con il suo fisico da modella e la capigliatura bionda lunga fino al sedere. Sento che gli sussurra: «Sei il mio orsacchiottino».

Lui sembra averla presa bene. Tra un'apnea e l'altra lo sento dire: «Sono tutto tuo, piccola».

Piccola, ah! Mi vien da ridere. Poi guardo l'ora. Sono le 20.15, allora smetto di osservare gli altri e penso un po' alla mia situazione. Ed ecco che mi passa di colpo l'allegria. Sono indeciso se andarmene via o aspettare ancora un po'. Rifletto un istante e mi rendo conto che l'alternativa sarebbe disperarmi a casa, completamente da solo. Meglio berci qualcosa su. Prendo il pacchetto, gli do un'ultima occhiata. «Al diavolo tutto», esclamo e lo butto in un cestino.

Entro, mi siedo al bancone. Il barista mi serve una birra chiara, intanto noto che il locale è veramente particolare. Forse un po' troppo eccentrico, tutto arancione, pieno di luci, che a momenti vien voglia di cavarsi gli occhi. Però ha il suo perché, ha un'anima. Quante persone potrebbero dire lo stesso?

All'interno c'è un'altra aria, un'altra musica. Poi tutto si ferma. Un uomo fa un annuncio da un piccolo palco messo in un angolo. La gente ascolta e poi riprende il chiacchiericcio. Hanno l'attenzione di un cane davanti a una ciotola di crocchette mentre il padrone prova a dargli un ordine.

Giulio ha detto che questo posto è frequentato da cantanti e band agli esordi, a quanto pare aveva ragione.

C'è un ragazzo al pianoforte e un altro alla batteria. Iniziano a suonare le prime note di *I Love You More Than You'll Ever Know*. Era dai tempi del liceo che non l'ascoltavo. Mi vengono i brividi, ci sono canzoni in grado di rievocare ricordi, sensazioni, di alzare dei gran bei polveroni. Questa è una di quelle. Poi, da dietro una tenda verde, che stona con il resto dell'ambiente, una ragazza dalla voce profonda scivola in quella musica e si mescola perfettamente con ogni nota, come due ballerini sconosciuti che danzano in sincrono fin dal primo istante. Tutti si fermano, questa volta non tornano a distrarsi ma ascoltano, ascoltano attentamente. Ed eccola che fa il suo ingresso in sala. I capelli cobalto raccolti in uno chignon, una frangetta, che il giorno prima non c'era, le copre la fronte fino alle sopracciglia. Ha un lungo vestito rosso con una cintura larga intorno la vita. È spettacolare. La trovo interessante senza nemmeno conoscerla. Non è solo bella, sa stupire perché dentro sembra avere un universo e mi viene proprio voglia di scoprirlo.

Resto a bocca aperta, lei si guarda attorno. Saluta una ragazza seduta a un tavolo in prima fila, poi continua la sua ricerca, finché non posa gli occhi proprio su di me e tra un respiro e l'altro trova il tempo per sorridermi. Mi sento morire e allo stesso tempo rinascere. Che sensazione strana, che sensazione nuova. Come se il mio corpo si stesse sciogliendo per riprendere la forma esatta della mia anima.

Cammina su e giù fino al termine della canzone. Poi la musica si affievolisce, arriva l'ultima nota. Lei ringrazia i presenti, appoggia il microfono, fa un saltello giù dal palco e si avvia nella mia direzione.

Deglutisco, la mia gola è un deserto nonostante tutta la birra che ho bevuto. Passo dopo passo ci penso sempre più: cosa bisogna dire per arrivare al cuore di una persona? Credo di essermi bloccato di nuovo. Riesco a vedere la figuraccia dietro l'angolo, proprio lì, che mi aspetta, come ogni volta. Sono un disastro.

Forse ha ragione Giulio: dovrei fare come i bambini, agire senza pensare. Forse ha ragione il nonno: è meglio non innamorarsi. Ma io sono così: m'innamoro, penso troppo e resto fermo. Sono troppo timido e il mondo è fatto su misura per gli estroversi, mica per quelli come me. A me toccano le scalate, le vette irraggiungibili, le imprese impossibili.

«Ciao.» Ora che ce l'ho davanti è troppo tardi per scappare.

Allunga la mano, io la osservo paralizzato nel mio imbarazzo. Poi gliela stringo ed eccolo, il sole che si fa spazio tra le nuvole. «Sono Anna.»

Anna.

Ora la mia tensione ha un nome. Mi ricorda Battisti e la sua canzone. Ecco cosa dire.

«Come la canzone!»

Ride, è un buon segno. Vero? È un buon segno?

«Sono distruttiva come lei», mi fa l'occhiolino.

Non so cosa pensare, però il mio cuore trema.

È un buon segno?

Episodio 147: Tu chiamale, se vuoi, debolezze

Siamo un insieme di pelle, ossa e punti deboli. Arriva un momento in cui te ne rendi conto. Capisci che una persona è in grado di farti cambiare l'umore e allora non sei solo al timone della tua nave. Ti sembra di avere il controllo, ma ne sei sicuro fino in fondo?

È tutto racchiuso nella limpidezza del suo sguardo, i pensieri vanno in sincrono, le gambe tremano. Se s'incazza per le piccole cose, tu impazzisci perché non sai cosa fare. È più grande di te il desiderio di stringere anche chi è coperto di spine. Sai amare in un certo modo, sai muoverti, parlare, prepararti il caffè, stirare, montare la panna, sempre a modo tuo. Non sai amalgamarti.

Ti senti in bilico, è tutta una vertigine e sotto di te c'è una voragine. Una corda tesa diretta chissà dove. Ci cammini sopra e a volte ti chiedi perché lo stai facendo. Forse ami troppo, forse ami solo ciò che non ti appartiene, la tua parte mancante, quella irraggiungibile e con il finale scontato. Forse sbagli e nemmeno lo sai, pensi che il kintsugi si possa applicare anche a te, ma sei un essere umano e se ti rompi in mille pezzi nessuno riempirà d'oro le tue ferite.

Forse ti illudi. Solo perché una persona si lascia toccare, non vuol dire che sia tua. Solo perché avete mescolato le vostre abitudini, non significa che ora siete una cosa sola. Solo perché in certi momenti vi trovate in completa sintonia, e sai bene cosa sta per dire prima ancora che apra bocca, e sai come si sente appena apre la porta di casa, non significa essere arrivati. Sono solo momenti, vanno presi come tali. Quando ci sei troppo dentro, non noti il rapporto nel complesso ma ti focalizzi solo sui particolari. Per questo, quando una storia finisce e osservi tutto da lontano, ti accorgi dell'esistenza di un sacco di dettagli che ti eri perso per strada.

Certe storie ti tolgono il sonno, la fame, si prendono il tuo tempo, la tua attenzione.

Certe storie giocano a rugby con i tuoi sentimenti e ti senti spezzato in più punti, è normale, ti senti soffocare ma anche questo è vivere. Fioriscono girasoli dai buchi che hai nel petto. Vai avanti senza sapere dove andare, a volte non sai nemmeno chi sei e qualcuno te lo deve ricordare, perché tu sei un fiorellino fragile, delicato, stupendo, che ama inseguire il sole perché per troppo tempo ha assaggiato la notte.

Certe storie sono un grande vaffanculo, te lo urlano in faccia ma tu hai imparato a urlare più forte, a farti sentire. A testa alta, sempre. Vada come deve andare.

È sempre meglio che non vivere, tirarsi indietro e diventare un semplice spettatore.

10

Lei è audace

-489 GIORNI AL MIO CUORE SPEZZATO

«Io mi chiamo Zeno.»

«Come quello della *Coscienza*!»

«Qualcuno ha parlato di noi prima ancora che fossimo nati.»

Arrivano un paio di ragazzi, la salutano con un bacio sulla guancia, parlano di come ha cantato, le fanno i complimenti. Sono più alti di me, più grossi di me, vestiti meglio di me. Mi sento piccolo e per un po' scompaio. Poi arriva una certa Miriana, ma Anna la chiama semplicemente Miri. È la sua coinquilina. Si presenta e mi prende una mano tra le sue, con delicatezza, scuotendola poi su e giù. Ha gli occhi rossi come quello di Sauron de *Il Signore degli anelli*. Ci chiede se ci va di mangiare qualcosa, Anna sembra tentata ma la congeda sussurrandole qualche parola all'orecchio. Lei sorride, aggrappata alla sua spalla e se ne va dicendo: «Sì, sì, sì».

«È un po' fuori, l'avrai capito.»

Annuisco imbarazzato.

«Vieni, sediamoci da qualche parte», mi indica un tavolo libero. Il proprietario del locale è un uomo grosso e calvo, sembra un rugbista che ha preso troppi colpi in vita sua. Si conoscono, si vede che a lui piace lei ma lei non ricambia i suoi sentimenti. Però offre da bere a entrambi e ci porta pure degli hamburger.

«Sai, vengo qui da una vita, è come una seconda famiglia», mi spiega.

«Da quant'è che canti? Mi hai stupito prima.»

«Non lo so da quanto. Fa parte di me dai miei primi ricordi. È, come dire, una necessità», mi risponde mentre addenta il suo panino. «Tu, invece? Hai qualche passione che ti divora dentro?»

Prova a fare uno sguardo provocante ma sta ancora deglutendo. Però devo dire che mi sento strano. «Io... sì, cioè, no, non proprio. Non canto, ecco. Mi piace scrivere e parlare. Sì, parlare.»

«Parlare? Ah! Non si direbbe», fa uno di quei sorrisi con le guance belle gonfie, «e di cosa parli?»

«Di sentimenti, di relazioni, di... non lo so, in realtà di un sacco di cose.»

Strabuzza gli occhi e poi fa una smorfia di disgusto, come una bambina che osserva qualcosa di brutto. «Non fanno per me, no, no, no.»

«Eppure non mi sembri apatica.»

«Mmh, quello no, però i sentimenti diciamo che non stanno molto simpatici al mio umore.»

«Sei rimasta delusa in passato?»

«Zeno, non mi vorrai mica psicoanalizzare, vero?» Ride.

«No, certo che no. Però mi sembra strano, tutto qua. A vederti, non si direbbe. Cioè, se i sentimenti non ti riguardano, perché mi hai chiesto di uscire?»

«Perché era ciò che volevi.»

Mi sento attratto da lei, dal suo modo di fare, dalla sua voce, da come cammina, da come si muove e gesticola, da come muove le labbra. Tutto in lei mi urla di guardarla, ma, allo stesso tempo, sento di stare per impazzire perché non riesco a decifrarla, non riesco a capire dove vuole andare a parare. Sembra bianco, ma è nero. Sembra sole, invece, *zac*, resti fulminato.

Sento il suo piede sotto al tavolo che sta sfiorando il mio, poi sale fino al polpaccio e continua a muoversi, piano piano. Deglutisco anche se ho già finito di mangiare da un po'. Mi sento la gola asciutta. Il cuore sta facendo una maratona. Nello stomaco le farfalle stanno facendo un concerto di battiti d'ali e presto mi sa che si scateneranno gli uragani.

«Hai dei bellissimi occhi, lo sai? Molto particolari. Mi piace il loro taglio, le tue iridi grandi quanto una moneta da cinque centesimi. Sono proprio belli. Anche il resto non scherza. Quelle labbra sono sprecate, lì, ferme, da sole.»

«Sei... molto diretta, eh?» Che sensazione assurda in tutto il mio corpo, come se qualcuno mi avesse iniettato un anestetico in vena. Sento di stare per scivolare giù dalla sedia, come una foglia che si mangia lentamente l'aria prima di accarezzare il suolo.

«Non mi piace perdere tempo. Non ce n'è molto, sai? Ti hanno mai detto che tutto finisce? A me l'hanno detto spesso. Sarà per questo che sono così.» Alza le spalle, poi il suo piede si ferma e lei si sporge in avanti e appoggia i gomiti sul tavolo. È così vicina. Sento il suo respiro e sento pure il mio. Colpi secchi e regolari, come un palloncino che decide di sgonfiarsi con i suoi tempi.

«Potrei baciarti, proprio ora, proprio qui», dice. È come se ci fosse dell'elettricità a connettere i nostri sguardi.

Scariche elettriche un po' di qua, un po' di là, mi trafiggono e poi scompaiono. «Proprio qui», ripete, e con un dito mi sfiora le labbra.

«Io...»

«Mi piace quando ti mancano le parole.»

Una cosa è certa: non avevo mai incontrato una così prima d'ora.

Episodio 148: Sai come conquistarmi?

Portami a vedere un tramonto, fammi ascoltare la tua playlist preferita, rendi nostro questo momento, mostrami i posti che più ti piacciono, fammi scoprire ogni angolo del tuo mondo e parla tanto, se vuoi, oppure balbetta qualche parola, non lo so. Devi essere te stessa, io non voglio altro, non voglio niente di artefatto.

Non dirmi mai: «Per te farei di tutto», fai quello che puoi ma impegnati sempre al massimo. Mi piace intravedere un po' di cuore nei gesti più semplici, quelli che sembrano scontati e invece sono importantissimi. Come io e te seduti su una panchina a mangiare del gelato. Mi sporco il naso o il mento, e tu prendi un fazzoletto oppure mi baci e poi sorridi e mi dici che sono un disastro, mi passi una mano sotto al mento e mi dai un altro bacio, io al gusto di cioccolato e tu alla menta e un po' stiamo bene insieme, non credi?

Cose stupide come questa mi fanno impazzire. Perché poi, metti caso che un giorno ci lasciamo e io vado a mangiare il gelato con un'altra e mi sporco di nuovo perché lo sai, l'hai detto anche tu, sono un disastro, e questa prova a pulirmi e mi ritorni in mente tu. Funzionano così i ricordi, si appiccicano alle cose più insignificanti, sono come un virus e di colpo hai l'influenza.

Potrei ammalarmi di te. Non sarebbe male.

Ricorda di fare tante foto anche se io ti ripeterò che non le sopporto. Tu mandamele, mi raccomando. Sorriderò guardandole. Ma non solo con la bocca. Sorriderà ogni mia cellula ma non mi farò vedere e magari farò pure una sceneggiata. Brutta cosa, essere orgogliosi, ma tu non farci caso. Prendimi per come sono. Non esagerare con le romanticherie ma non devi nemmeno trascurarle.

Se vorrai, potremo trovare un equilibrio insieme. Non mi piace fare il primo passo ma per te potrei mettermi a correre.

11

Lei non aspetta

-488 GIORNI AL MIO CUORE SPEZZATO

«TI va di andare in un posto più tranquillo?»

Non credo di essere in grado di muovere un muscolo, però riesco ad annuire. Allora Anna si alza, mi prende la mano e io seguo quel bel chignon color cobalto fino a fuori dal locale.

Prendiamo un taxi e andiamo a casa sua. Per tutto il tragitto non ha detto nulla, non mi ha nemmeno guardato, ha solo preso lo smartphone e mandato un messaggio.

Mi sento fuori dalla mia comfort zone. Credo che ognuno di noi sia tentato di frequentare un solo tipo di persona, con un certo carattere, che abbiamo imparato a conoscere e che riteniamo compatibile con il nostro. Però capita di trovare qualcuno che non è come ti aspetti. Qualcuno così, come Anna, che non ha niente a che fare con me, con il mio modo di essere. Qualcuno che, se stai guardando il mare, va oltre e guarda il fondale. Qualcuno, insomma, che, per quanto ti sforzi, non riuscirai mai a capire fino in fondo, perché ha un altro modo di osservare il mondo.

Qui fuori la notte si sta mangiando ogni cosa ma, appena

entriamo nel suo condominio, l'atrio ci inonda di nuova luce e i nostri volti riprendono il solito colore.

Anna sembra fredda e un po' meccanica. Il portone si richiude alle nostre spalle e lei mi indica l'ascensore. Entriamo, preme il pulsante del secondo piano e poi mi passa un dito sul dorso di una mano. La guardo con la coda dell'occhio e sembra la stessa Anna che ho incontrato al *Pub delle arance*. Mi spinge dentro casa sua e rimango sorpreso perché è esattamente come lei: calda e con un'identità. Ogni parete ha un colore, a terra ci sono dei tappeti sparsi un po' ovunque, qualche poster, un arazzo con un mandala gigante copre per intero il muro dietro al suo letto. L'appartamento è completamente in disordine, su ogni tavolino c'è un posacenere e in salotto ancora profumo di erba.

«Sst, non fare troppo rumore, altrimenti rischiamo di svegliare Miri», ridacchia e mi indica una porta chiusa tappezzata di cartelli.

Poi mi prende per la giacca, sembra ubriaca ma è solo euforica.

«Fino a ieri nemmeno ti conoscevo e ora...» le sussurro.

«Non è meraviglioso?»

Siamo nella sua stanza e io non ce la faccio più. Un mese e mezzo fa ero completamente distrutto. Un paio di settimane fa ero sceso da un treno in tanti piccoli pezzettini, e ora davanti a me ho una persona che incarna la fiamma e io mi sento di cera: tra le sue braccia, forse, potrò finalmente ricompormi. In un'altra forma, certo, ma è pur sempre qualcosa.

Mi spoglio da ogni insicurezza e la prendo per i fianchi. Lei fa un piccolo verso, ha la bocca aperta, spalancata. Mi avvicino di mezzo passo e il suo respiro è una cosa sola con il mio. Le nostre bocche si trovano, mentre le sfilo la cintura. Poi mi salta addosso, l'afferro per le cosce. È leggera come un orsacchiotto di peluche, di quelli che si vincono al luna park. Le nostre bocche non si staccano, hanno tutto l'ossigeno che vogliono. Dalle tapparelle filtra una luce fioca proveniente dalla strada e l'ombra di alcuni alberi spogli che si muovono dolcemente accompagnati da un filo di vento.

L'universo sta danzando e noi con lui.

Episodio 149: Mi prometti che ci cercheremo sempre?

Lo so, a volte sono intrattabile, mi sveglio male, parlo poco, ti penso un sacco ma mica te lo dico. Ho questo difetto enorme di tenere tutto dentro come un segreto. Con te sto bene perché mi capisci, forse hai qualche potere oppure sei rimasta in disparte dopo chissà quale delusione a osservare le persone e i tuoi occhi hanno imparato a vedere. In quanti sanno scrutare i dettagli nel giro di un attimo?

Tu mi guardi e i tuoi occhi hanno già scannerizzato il problema. Che non lo so come fai però mi piace quando mi dai tutte quelle attenzioni, che una volta ero così orgoglioso che se ci penso quasi quasi mi odio, ma ora non ci riesco, tirare su dei muri è una fatica e poi, lo sai, di te mi fido, mi metto a nudo, mi togli i vestiti, mi togli i pensieri, le tue mani vanno ovunque, testa e corpo simultaneamente, pazzesco. Però una cosa la so, che se non sarai tu, sarò io a venirti incontro per restarti accanto per continuare così di pari passo.

Mi piace un sacco trovare il mio equilibrio con te al mio fianco. Mi piace chi è disposto a rischiare. Chi ci vuole provare perché se la sente e non perché va fatto. Chi ti cerca anche quando non sei connesso con tutto il resto. Chi è disposto a parlare con te per tutta la notte, chi non si arrende al sonno. Le occhiaie sono un segno d'amore.

* * *

Promettimi solo che troveremo il modo per arrivare alla fine interi.

Anzi, no. Non facciamo promesse, lasciamo parlare le nostre azioni. Giorno dopo giorno, finché ci va. Possiamo essere persone di passaggio o punti di riferimento. Dipende tutto da noi, lo sai?

12

Siamo due sconosciuti che dormono insieme

-488 GIORNI AL MIO CUORE SPEZZATO

ANNA sta dormendo. Ha la testa sul mio petto, e la sua pelle nuda è un tutt'uno con la mia. È morbida, vien voglia di stringerla. La guardo e mi chiedo cosa stia sognando. Le sfioro con la punta delle dita un braccio. A ogni centimetro della sua pelle c'è un tatuaggio: quello che conoscevo già sul polso, un terzo occhio in mezzo al seno e una luna piena al centro di una macchia nera sulla spalla sinistra.

Non mi piacciono le cose affrettate, devo essere sincero. Però questa notte non la dimenticherò, ne sono certo. E questo dovrà pur dire qualcosa, no? Chi ti sa togliere il fiato un po' ti resta dentro per sempre.

Quando mi sveglio, la trovo seduta con il cuscino dietro la schiena e la mia testa sulla sua coscia. Sorride e scopre lo smile. Fuori c'è una bella luce. Lei è senza trucco e credo sia la cosa più vicina alla perfezione nonostante le imperfezioni. Che alla fine la perfezione non esiste, ma io trovo che le sue occhiaie le donino, che le piccole grinze ai bordi degli occhi siano un tocco in più sul suo volto, e quelle smagliature color ambra siano un tatuaggio scelto dalla natura per incastrarsi perfettamente sul suo corpo.

Basta così poco per perdere la testa e ritrovarla una mattina tra le sue gambe.

Si piega in avanti e mi dà un bacio. «Hai dormito bene?»

«Molto, direi.»

«Anch'io», mi accarezza senza sosta i capelli.

«Però, devo chiedertelo: fai così con tutti?»

«Così come?»

«Trovi qualcuno che ti piace e, senza perdere tempo a conoscerlo, te lo porti qui, nella tua tana?»

«Te l'ho detto, non amo legarmi alle persone. Però mi piace tutto il resto.»

«Perché? Hai paura?»

«Finisco sempre con il rovinare tutto. Non fanno per me, le relazioni, quindi ho smesso.»

«Quindi», mi sento improvvisamente triste, come se un colpo di vento avesse spazzato via ogni fiore sul pianeta, «quando uscirò da quella porta, tu tornerai a essere una bibliotecaria che sogna di diventare una cantante, e io una persona qualunque che a volte passa di là. Due sconosciuti, insomma. Tutto qua. Saremo questo?»

Non dice nulla, sento il suo respiro caldo che mi sfiora la nuca e le sue mani altrettanto bollenti che continuano a massaggiarmi la testa.

«Ti creerei solo problemi.»

«Mi piacciono i problemi. Sono pieno di problemi, io. Vedi? Se ieri avessimo parlato un po', lo avresti saputo.»

Cerco di fare lo spiritoso. Mi piace fare lo spiritoso nelle situazioni che richiedono un minimo di serietà. Ma lei continua il gioco del silenzio.

Il silenzio di solito è già una risposta, ma a volte è solo un'attesa. Perché la testa si affolla di pensieri e quei piccoli bastardi non sempre sanno prendere la giusta forma per trasformarsi poi in parole. Capita che restino lì, in una specie di forma gassosa, a mezz'aria tra mente e cuore, che magari ti ritrovi a bocca aperta e non esce nulla, solo fiato sprecato.

Allora le chiedo: «Quindi proprio non t'interesso?»

«Non è questo...»

«E allora cos'è?»

«Ti stai già facendo delle aspettative. Te lo leggo negli occhi. E io non posso darti ciò che vuoi.»

«Di che parli?» domando.

«Stabilità.»

Ora rido, forte. «Ma la stabilità non la puoi mica dare. È una cosa che viene da sé quando stai bene con qualcuno, quando ti passa la voglia di scappare, che quella è casa tua, dove altro vuoi andare?»

«E se dovessi scappare?»

Fino a qualche tempo fa non avrei continuato questo discorso. Sono dell'idea che, se una persona vuole andarsene prima ancora che la festa abbia avuto inizio, prima o poi se ne andrà, punto. Un modo lo troverà. Un modo si trova sempre. E guizzerà tra le tue mani come una saponetta. Succede. È scontato.

«Vorrà dire che non eravamo destinati a essere.»

«Mmh.»

Episodio 150: Ti sei innamorato?

Non sono bravo a nascondere ciò che provo. Se mi piaci, te lo devo dire.

Se mi fai incazzare e poi mi fai ridere non so fare la parte di quello impassibile, e allora mi passa subito e mi vien voglia di abbracciarti forte. E se mi piace dormire con te, allora dai, resta qui, che la notte non aspetta e passa in fretta, ma insieme a te passa meglio.

Se ho voglia di scriverti, ti scrivo, e se ho voglia di sentire la tua voce, ti chiamo o passo a prenderti e andiamo fuori. Mi parli del più e del meno, i soliti discorsi, com'è andata la giornata e tutte quelle cose che ami fare. Mentre parli, io ti ascolto, lo prometto, perché quando sono con te mi sento in pace con il mondo e se ti va puoi parlarmi della routine quotidiana degli ippopotami o di quell'idromele con una nota di rosa che ti piace tanto e io lo troverei più interessante di qualsiasi altro discorso che ho mai intrapreso con un'altra persona.

Non lo so, certe cose sento proprio il bisogno di dirtele o di sussurrartele, che alla fine sono cose nostre e mica tutti le devono sapere, però mi capita di guardare le stelle e di fare il tuo nome e di ringraziare l'universo per averci fatto incontrare.

Quando si è innamorati, ci si rende conto di essere all'inferno ma di avere accanto tutto ciò che inferno non è. Non è facile capirlo, perché ognuno vede il mondo a modo suo ed è raro trovare qualcuno che ti veda attraverso i tuoi occhi. Ma c'è un attimo in cui tutto sembra perfetto, che se potessi guardarci da fuori ci troveresti impressi su una tela esposta in qualche museo. Un istante che te lo vivi con leggerezza e poi te lo trascini appresso per tutta la vita, che ogni profumo, ogni battito, ogni sguardo, ogni sensazione, ogni farfalla posata su un fiore, ogni auto diretta chissà dove è lì, incastrata per sempre in un pezzo di storia, la nostra.

Le meraviglie avvengono così, per caso, senza chiedere, senza pretendere. Come quando tu ti perdi a osservare un cielo che sta prendendo fuoco e io invece guardo te, ti scosto una ciocca di capelli, te la passo dietro l'orecchio; tu sembri sorpresa, poi sorridi e chiudi gli occhi, mentre ti accarezzo la guancia. Ti avvicini, tutto è musica intorno a noi anche se a circondarci c'è solo il silenzio, e allora ti bacio, non posso farne a meno, certe cose te le senti dentro, magari ti domandi per una vita quando capiterà un momento simile, poi capita e smetti di farti domande, i pensieri si annullano e sboccia la fantasia.

Le tue guance rosse come il cielo, la tua pelle morbida, le tue labbra sulle mie, un mescolarsi di sapori, ed eccolo lì un ricordo che non dimenticheremo mai.

Le meraviglie non te le programmi, gli incanti nascono per caso.

Trovo che sia
più affascinante
il lato nascosto delle cose.

C'è un lato dell'amore
fatto di drammi, di pianti,
di litigate, di notti insonni,
di guardare altrove
anche se si è uno vicino all'altra.

Questo lato
visto da fuori
sembra sempre un po' malato
perché se non vivi tutto il resto
ti sembrerà che tutto sia sbagliato,
che là fuori c'è di meglio
che meriti ben altro.

Ma tu,
solo tu,
sai cos'hai provato.

13

Giorni così, in cui va tutto bene

-460 GIORNI AL MIO CUORE SPEZZATO

SIAMO in un negozio. Anna è in camerino, si lamenta, dice di avere il sedere troppo grosso, poi dà la colpa ai jeans e infine passa a una gonna, questa volta sembra contenta. Io sono dall'altra parte della tenda che me la rido. Ogni tanto qualcuno passa. Lei impreca e non lo fa mai sottovoce. Le persone finiscono sempre con il guardare male me. Lanciano certe occhiatacce, come per dire: «Ma con che razza di persona stai uscendo?» oppure: «Mamma mia, spero che i miei figli frequentino qualcuno di migliore». Mi sento un po' imbarazzato. Non amo i giudizi, anche se non sono diretti a me. Poi una mano con le unghie smaltate di nero mi prende per il bavero della giacca e mi strattona all'interno del camerino. Guardo Anna, sorpreso. Lei mi guarda, in attesa.

«Allora?» mi fa.

«Sei proprio bella», le dico. Non so che altro dirle. È proprio bella, questa è la realtà.

«Lo so.»

«E sei così modesta.»

Mi fa l'occhiolino.

«Quando fai così vien voglia di prenderti a schiaffi e poi di riempirti di baci», dico.

«Questa però è violenza.»

«Sai cosa intendo.»

Mi prende le mani, guarda giù, poi si alza sulle punte dei piedi e mi dà un bacino.

«Lo so», questa volta lo dice lentamente, a bassa voce, con un timbro un po' da bimba e la bocca un po' aperta.

Paga e usciamo. S'infila in un vicolo e si cambia al volo dietro a una fila di scooter. Io come sempre faccio il palo, e come sempre mi sento in imbarazzo. Non lo so, credo di non essere portato come lei per le follie, non ho il coraggio neanche di compiere una piccolezza come questa. La nuova gonna le sta proprio da dio, la fa sembrare Britney Spears nel video di *Baby One More Time*. Mi pare di rivivere una di quelle cotte adolescenziali in cui si va in fissa per come appare una persona e tutto il resto passa in secondo piano.

Di buoni motivi per lasciarla perdere Anna me ne dà ogni giorno. Per esempio, è parecchio acida. Ha sempre la mano alzata pronta a mandare a fanculo chi non le va a genio e a volte mi ritrovo a contare prima di dire qualcosa, per paura di una sua reazione. Questo suo lato del carattere però mi fa anche ridere. Fa parte del suo essere ribelle, un po' figlia dei fiori, un po' anima in combutta con il diavolo.

Un giorno mi ha portato in un hotel abbandonato, una volta posto di lusso, ora una specie di rifugio per senzatetto e per giovani alle prime armi con le droghe, che vogliono sperimentare senza farsi notare. Però, a detto sua, dall'ultimo piano c'era la vista migliore di tutta la città. Ed è vero. C'è una terrazza all'apparenza un po' pericolante ma che regge ancora bene nonostante gli anni. Io non ci volevo proprio andare, me la facevo sotto all'idea di salire fin su in cima, e poi, trovandosi in periferia, in una zona collinare, non avevo certo voglia di farmela a piedi fin lì. Ma lei, con quei suoi occhietti dolci e l'altezza non proprio a suo favore, si è imposta: mi ha preso la mano e mi ha accompagnato fino all'ultimo piano. Un altro passo tremolante ed ecco il cielo che ha agguantato in un colpo solo più luce possibile per scagliarmela negli occhi, accecandomi un istante per poi mostrarsi nel suo azzurro limpido. Sotto di lui, i tetti dei palazzi, le strade piene d'auto. Tutto un movimento e noi lì, distanti ma insieme.

«Ti devi fidare un po' di più», mi ha detto senza distogliere lo sguardo da tutto quello spettacolo.

Lei è così, un attimo prima fa la romantica, quello dopo mi trascina in una corsa forsennata. Tornati da dove eravamo venuti, infatti, siamo passati sotto un varco in un muro di mattoni nelle cucine al piano terra, nascosto da sterpaglie e immondizia, ma, a quanto pare, abbastanza famoso visto che ad aspettarci abbiamo trovato una pattuglia dei Carabinieri che ci ha accolto sorridendo. Anna ha cominciato a correre nella direzione opposta e io l'ho seguita, senza altra scelta.

Una volta lontani, si era già fatta sera. Lei si è messa a ridere di gusto, poi ha detto: «Non pensavo che lo avresti fatto!»

«Sei tutta pazza tu.»

«Lo sapevi», ha detto sogghignando.

«Sì, ma non così tanto! Sei proprio pazza, pazza, pazza.»

«Ti piaccio ancora?»

Ora, non lo so se devo dare la colpa agli ormoni. Forse ne ho ancora una valanga in circolo. Però avevo il cuore che batteva all'impazzata per la corsa. E mi sentivo sorprendentemente vivo.

Testa o cuore? Non serviva lanciare una moneta, tanto il risultato già lo sapevo.

«Sì», ho risposto.

Din, din, din. E il cuore si è aggiudicato l'ennesimo round.

Episodio 155: Gabbia o libertà?

Ognuno vive l'amore a modo suo. È una cosa bellissima, non lo nego, ma è anche il motivo per cui trovare la persona giusta risulta tanto difficile.

C'è chi vuole stringerti forte fino a soffocarti, c'è chi brama così tanto la libertà che vicino a un'altra persona si sente di colpo in una gabbia, allora si allontana e si allontana, così tanto che, a un certo punto, è talmente distante che nemmeno si fa più sentire. A me piace trovare un equilibrio tra l'averti vicino e il prendermi cura dei miei spazi. Ma qualcuno là fuori potrebbe spostare il baricentro un po' più in qua o un po' più in là, dipende.

L'amore mi rende da sempre un tantino euforico. Nel senso che mi ritrovo a ragionare non più come al solito, ma come se fossi in un continuo stato di ubriachezza in cui sono tentato di fare una cazzata dopo l'altra, che sia mandare messaggi inopportuni o presentarmi sotto casa di lei con la musica a tutto volume, qualche canzone orribile ma con delle belle parole, almeno per noi. I vicini che si svegliano incazzati e io che scappo tutto felice perché si è affacciata un secondo.

Più che euforico, l'amore mi rende stupido.

14

Lei è seria

-450 GIORNI AL MIO CUORE SPEZZATO

L'AUTO corre sulla strada scavando con i fari nell'oscurità. Quale miglior momento della notte per parlare?

Io guido mentre Anna mi è seduta a fianco, con i piedi sul cruscotto, gli occhi stanchi ma ancora aperti e la sua voglia di cantare ogni pezzo che passa in radio.

Siamo di ritorno da una serata di quelle che ti fanno sentire la mancanza di casa. Da una giornata di quelle che ti sanno solo provocare e ho la rabbia in circolo perché a volte mi fa solo incazzare.

Vorrei tanto mostrarmi fragile senza dover per forza ogni volta difendermi. Ma ho paura che lei resti solo con chi le sa tener testa e allora non voglio perdere nemmeno un punto, nemmeno una posizione. Non è sano, lo so. Ma a volte è giusto fare ciò che ci si sente dentro, nonostante sia sbagliato. Alla fine, non esistono sbagli univoci, li capisci solo dopo, dipende sempre come andrà. Ora però nessuno dei due lo può prevedere.

Sta cantando *C'è tempo* di Fossati, una di quelle canzoni che sanno come prenderti, che, se sei un po' triste, ti buttano giù di prepotenza.

«Sembra parli di noi», con l'alito appanna il vetro e ci disegna una faccina triste.

«Ci stiamo perdendo?» le chiedo.

«Dicevi tanto di volermi conoscere ma alla fine sei tu quello tutto chiuso in sé.»

«Anche tu, però.»

«No, caro. Io sono così. Esattamente come mi vedi. Prendere o lasciare.»

«Okay, ma...»

«Niente ma. Fin dal primo sguardo mi sono sempre mostrata per ciò che sono. Sregolata? Spensierata? Fuori di testa? Quello che vuoi, non ha importanza. Lo sai, non mi piace dare un nome alle cose, men che meno al mio carattere. E lo capisco che non ti sto bene, perché tu e io, insieme, in un certo senso stoniamo, ma quel che ne viene fuori non è fuori luogo, è un suono quasi gradevole, a volte impercettibile, altre volte invadente. A me piace, so apprezzarlo. Ci sono momenti in cui ti sento lontano, vorrei avvicinarmi ma non ce la faccio, non so come fare. Posso imparare? Certo. Ma ci vuole tempo e non credo che tu sia disposto a perderne altro con me. Dico bene?»

«Anna, io...»

«Tu non sai cosa rispondere», sorride e poi si volta verso il finestrino. «Mi piace questo tuo lato razionale. Mi piace perché non lo sento mio. Da piccola mi hanno sempre raccontato dell'altra metà che ti deve completare. Probabilmente quella storia l'avranno propinata anche a te. Mi piace pensare che sia tu la mia metà. Che la mia confusione stia pendendo tutta da un lato e tu sia qui per portare equilibrio. E lo stesso vale per me con te. Ma forse parlo troppo e mi spiego male. Forse quella che sono, quello che ti sto offrendo, non è abbastanza o non è di tuo gradimento. Non lo so, non so così tante cose a questo mondo. Però mi piace curiosare. E scoprire.» Fa una pausa, guarda fuori e poi riprende. «Vorrei scoprirti. Ma devi darmi la possibilità di farlo. Come ti ho detto, sono fatta così. Davanti a una porta chiusa, non mi metto a cercare un'altra entrata. Io me ne vado.»

«Okay, allora. Sai perché non riesco a esprimermi come vorrei? Penso che tutto sia nato quando avevo quattro anni. Credo che un bambino dovrebbe vivere sereno con i suoi genitori senza venire mai toccato dalla loro morte. Ma, a quanto pare, il destino aveva altri piani per me. Così, un incidente automobilistico se li è portati via. Erano entrambi maestri, sai? Sono sicuro che avevano tanto da insegnarmi, soprattutto per come stare al mondo. Ma in qualche modo hanno rimediato i miei nonni al posto loro. Nonno era un po' all'antica, allora c'è voluto più tempo per farlo sciogliere e renderlo più somigliante a un padre che a un comandante. Nonna, invece, era un pezzo di pane. Mi viziava sempre, credo che in me vedesse la mamma. Sono contento di averla vissuta. Poi mi ha lasciato anche lei. Tante perdite ti fanno allontanare dalle altre persone che potresti incontrare. Succede. È come se la paura di perdere si fondesse con il tuo DNA. Da una parte ti senti in errore, dall'altra pensi che sia naturale. Restare a distanza di sicurezza. Poi ho incontrato Giulio e un po' mi ha cambiato, perché con lui mi sono aperto, a tal punto che gli ho rivelato i miei sogni. Da lì ha avuto inizio il podcast.»

«Dove parli senza problemi.»

«È diverso. Parlare a un microfono è come avere una conversazione con i propri pensieri.»

La canzone termina e ne inizia un'altra. *Should I* di

Arum Rae. Anna la canticchia piano piano, poi s'interrompe. Ritorna con lo sguardo su di me, sento quasi la sua ansia che aumenta di volume nell'abitacolo dell'auto.

«Non l'ho mai detto a nessuno.»

«Che cosa?» domando.

«Perché evito i rapporti. Sai, io non ho perso nessuno. Proprio nessuno», mi accarezza la mano sul cambio e poi continua, «ma avrei voluto. Mia madre è una stronza. Una sanguisuga che ha deciso di sposarsi solo per soldi. Papà è perso di lei ancora adesso. Cioè, un po' ha aperto gli occhi, ma mai abbastanza. Se nasci in una famiglia così, poi è normale schifare l'amore e i rapporti e, non lo so, qualsiasi cosa, anche i soldi, tutto. Pensa, volevo fare la cantante e invece no, sai cosa mi ha risposto mia madre quando gliel'ho detto?»

Sta alzando la voce di secondo in secondo. Mi sta stringendo la mano con una forza che non è da lei, sento le sue unghie nella mia carne.

«Cosa?»

«Di trovarmi un lavoro serio, che sono una stupida a pensare di poter vivere di sogni.»

«Be', non è...»

«Aspetta! Perché appena ho compiuto diciotto anni, visto che 'il sogno' non mi era ancora passato, ha ben pensato di sbattermi fuori di casa. 'Così impari a vivere.' Capisci?»

«Proprio una stronza», dico io.

«Ma non è finita qua. Una volta 'nel mondo' ho iniziato a lavorare in una tavola calda e lì ho conosciuto un ragazzo, più grande di me. Lavorava in banca, era sempre serio. Mi piaceva, dico davvero. Mi dava sicurezza. Poi si è stufato, così, di punto in bianco. In realtà mi tradiva da tempo. Ma chi tradisce mica te lo dice, figurati. È stato allora che ho capito di non esserci tanto portata, per l'amore. Mi ha gettato in una lunga depressione. Mesi in cui giorno e notte erano la stessa cosa. Per fortuna c'era Miri accanto a me, per pagare l'affitto, per ricordarmi di vivere.»

«L'hai superato.»

«Ma ha lasciato il segno.»

Una cosa è certa: siamo tutti segnati in qualche modo. Sembra quasi inevitabile. Non esiste la leggerezza, cuori che si sfiorano appena come petali di rosa. Tutto pesa, tutto schiaccia, tutto marchia. Si subisce e poi si trasmette al prossimo. Ognuno scarica i propri problemi, è un'infinita catena di montaggio di ansie e paranoie che si vanno di volta in volta ad accumulare. Bella storia.

«Ti sei mai innamorato?» chiede all'improvviso.

«Innamorato?» Un po' mi ha spiazzato.

«È una domanda tanto difficile?»

«No, no. Comunque, sì, credo.»

«Credi», annuisce più volte con la testa. «Hai mai tradito?»

«No.»

«Ne sei sicuro o 'credi' anche questo?»

«Bisogna essere portati per il tradimento. Non fa per me, troppa pressione, poi non so mentire. Non lo vedi? Faccio fatica a dire due parole, figuriamoci a inventarmi qualche scusa per coprire i miei sbagli.»

«Onesto.»

«Ora voglio farti io una domanda: perché ti sei decisa a voler rischiare con me?»

«Appena ti ho visto, ho pensato: Questo sembra un tontolone.»

«Ah, bello.» Non so come prenderla.

«Nel senso che sembravi buono. E lo sei. E sembravi ingenuo. E un po' lo sei. E sembravi dolce. E sì, sei fatto di zucchero. E poi sei ostinato. E ora un po' ti ho capito, non proveresti mai a farmi del male.»

«Mai.»

Siamo di ritorno da una serata terribile. Da una giornata pesante. Ma credo che insieme, se lo vogliamo, possiamo affrontare tutto.

Episodio 170: Hai mai incontrato la tua anima polare?

Quando incontri la tua anima opposta, le cose non possono far altro che andare in un modo: insolito.

Lei è quel pezzo che manca, quel pezzo che, se non ce l'hai, non ti può venire in mente di andarlo a cercare, semplicemente perché non ne senti il bisogno. E io non sentivo il bisogno di avere una come lei nella mia vita, ma quando l'ho trovata, non ne ho potuto più fare a meno.

È buffa, l'esistenza. Arrivi a ventotto anni che hai conosciuto un sacco di persone. Tante sono rimaste indietro, troppe, a dire il vero. Alcune si sono salvate, altre sono solo un nome e un numero in una rubrica.

E poi arriva lei, e mandi all'aria tutti i tuoi piani. Non esistono più regole da rispettare, perché al suo fianco ti piace pure litigare, perché lei è un po' così, a volte se le cerca e ti viene spontaneo mandarla a fanculo, perché è ruvida, appuntita, disarmante, e non sai mai come prenderla che sembra sempre in procinto di cadere, ma se vuole sa perfino volare.

È una ragazza temporale, che non te l'aspetti e di colpo si scaglia su di te, come quando mi salta addosso, si aggrappa sulla mia schiena e mi lascia sempre i segni, che lei non lo sa ma senza volerlo mi tocca spesso il cuore. È una di quelle con i piedi sempre freddi e la testa bollente di chi pensa sempre a qualcosa e vuole fare di tutto, è instancabile, non si dà mai una tregua, e con lei non esistono bandiere bianche, puoi scegliere di mantenere il suo passo oppure perderla di vista. In realtà, non c'è molto da scegliere, perché se te la trovi accanto vuol dire che ha già scelto lei per te.

È così: fuori di testa, fuori dal comune, fuori da ogni confine, oltre i limiti dell'universo. E si prende tutte le tue energie, del tipo che arrivi a sera distrutto ma ne vale la pena perché sa come prenderti, non ti mette le ali ma in qualche modo ti fa volare e ti fa sognare, a occhi aperti, chiusi, a metà, non ha importanza. È tutta da godere, vada come deve andare. Ti fa apprezzare il presente, ed è da apprezzare. Perché ti bacia ogni giorno e speri sia per sempre, ma con lei non esistono programmi. Però esistono i suoi spigoli e fanno tanto male. Non si levigano, non c'è modo. Non sa cambiare la sua natura e in ogni caso andrebbe salvaguardata, perché a nessuno salta in mente di aggiungere qualche nuovo particolare a un'opera d'arte fatta e finita. È così, cosa vuoi di più? Fa male? Ne è capace. Ma non è un dolore che ti fa stringere in denti, è come mordersi il labbro e dopo un po' provare piacere.

15

Vienimi a prendere

-400 GIORNI AL MIO CUORE SPEZZATO

APPENA sveglia mi ha detto: «Ti voglio portare in un posto speciale».

Aveva un'espressione strana sul volto. Triste, ma serena, come se un peso si stesse sciogliendo di secondo in secondo.

Allora siamo andati in stazione, mi ha preso la mano per tutto il tempo, abbiamo timbrato i biglietti, siamo saliti sul treno e ha appoggiato la testa sulla mia spalla fino a destinazione. A me i treni danno sempre sonnolenza ma cercavo di restare sveglio perché mi piaceva quella sensazione, i suoi capelli vicino alla mia guancia, la sua mano calda e il suo respiro regolare. Guardavo un po' lei e un po' fuori dal finestrino. Ho visto campi e colline, piccole stazioni di passaggio e poi il mare. Quella era la nostra destinazione. Una piccola città che d'estate vive e d'inverno muore. Tirava un vento forte, profumava di salsedine ma c'era sempre un po' di sabbia dispettosa che ci entrava fino a dentro i giubbotti, forse anche nelle ossa.

Ora ci troviamo sul lungomare, seduti fuori da un bar a pochi metri dalla spiaggia. I suoi capelli a volte le finiscono sulla faccia, ma sembra felice, di una felicità diversa dal solito.

«A volte mi capita di sentirmi spezzata in due. Da un lato voglio continuare a fare la vita di sempre, dall'altro voglio evadere, scappare e magari non tornare più. Allora prendo un biglietto di sola andata per questo posto. Ma alla fine torno sempre. Mi do della folle da sola. Forse è l'aria di mare che mi fa quest'effetto, non lo so. Di solito mi viene da ridere e poi prendo il primo treno diretto a casa. Mi sento cambiata, come se avessi bisogno di questo per riprendermi da una vita che non avverto mia. Voglio stare da sola ma la solitudine mi spaventa.»

«Anche ora ti senti così?»

Allunga una mano sul tavolino e afferra la mia. «No, ora no. Però volevo dirtelo perché tutto questo», con il volto mi indica, «per me è nuovo. Le mie relazioni sono sempre durate qualche giorno, al massimo un paio di settimane. Tu sei una gran bella novità per me, ma non posso sapere come andrà e non posso nemmeno sapere come mi sentirò o come mi farai sentire tra qualche tempo, tra qualche mese. Tutto può succedere, non credi? E magari sentirò il bisogno di andarmene. Magari scapperò qui. Conoscendomi, non vorrei farmi trovare, ma le persone cambiano e allora potrei averti mostrato questo posto perché non si sa mai. Magari avrai voglia di venirmi a cercare. E io sarò qui.»

«Pensi davvero che un giorno avrai voglia di scappare da me?»

Sono serio in volto perché lei con me fa questo: mi dice tutto eppure si rende indecifrabile.

Sembra che la fine sia stata già scritta. Sembra che abbia già deciso ma, allo stesso tempo, il finale è comunque incerto.

«Non è da te che voglio scappare ma da tutto il resto, perfino da me stessa. Ho questi sogni enormi che non riesco a realizzare e un lavoro che, sì, mi piace, ma non lo voglio fare fino alla fine dei miei giorni. Da piccola sognavo una vita diversa per me.»

«Tutti i bambini hanno delle aspettative giganti.»

«Forse sono rimasta quella bambina e li voglio ancora realizzare. Forse le mie aspettative non si sono sgonfiate negli anni. Anzi, togli pure il forse. Ora penserai che sono una scema, che non ce la farò mai a raggiungere i miei obiettivi...»

«Scherzi? Io ti voglio vedere felice, sono il tuo fan numero uno, amo la tua voce, amo come scrivi, amo tutto di te e voglio restarti vicino, voglio esserti accanto quando salirai su un grande palco in qualche stadio con un'orda di persone a urlare il tuo nome.»

«Aspetta, mi ami?»

«Ti amo.»

«Nessuno me l'aveva mai detto.»

Dovrei restare serio però mi vien da ridere. «A me l'hanno detto, ma non era vero.»

«E ora? È vero?»

Una coppia sta portando a spasso il cane lungo la spiaggia. Il labrador scodinzola e stringe tra i denti un bastone che il ragazzo gli lancia di tanto in tanto. Camminano mano nella mano stretti nei loro giubbotti, con i capelli al vento e il mare a un passo che fa un baccano tremendo. È tutto agitato qui intorno ma loro sembrano tranquilli. Lei gli stringe un braccio, lui la guarda dall'alto e le dà un bacio. Il cane corre su e giù, si rotola nella sabbia e poi lancia il bastone, a volte se lo dimentica, torna a riprenderlo e cerca di dividerli passando tra le loro gambe. Loro si spostano e ridono, sembrano toro e torero. Infine si ritrovano e si uniscono in una stretta che sembra più forte della precedente. Sono tranquilli, lontani dal mondo e si appartengono.

Li guardo e penso che vorrei qualcosa di simile. Poi guardo Anna e penso che lo vorrei con lei.

«È vero, come il mare che non smette mai di muoversi.»

Torniamo alla stazione lasciandoci un tramonto alle nostre spalle e un momento bello che non dimenticheremo. Oggi doveva essere una giornata come tante e invece lei si è aperta, svelandomi un suo segreto e io ho semplicemente detto ciò che penso dal primo giorno in cui l'ho incontrata con quella pila di libri tra le braccia. Certe cose si capiscono subito ma non bisogna correre, altrimenti rischi solo di perdere la tua occasione.

Siamo tutti un po' Ted Mosby. Sotto sotto vorremmo urlare quello che proviamo nel momento stesso in cui il sentimento nasce in noi e le farfalle iniziano a svolazzare, le gambe a tremare, la testa a tuonare, e tutto si fa meraviglia e stupore, una continua scoperta. Ma il momento giusto non si presenta mai come tale e allora prima o poi dobbiamo rischiare.

È così che funziona, giusto? Certe parole le dobbiamo sputare e, se quelle non vogliono uscire e noi non vogliamo dare di matto, dobbiamo prenderle a pugni. È una lotta con noi stessi, esprimere le tormente che ci portiamo dentro. Magari il nostro passato ci ha segnato, magari no, abbiamo solo qualche complesso di troppo, un'infima paura di sbagliare, di vedere il nostro cuore andare in pezzi quando ciò che sentiamo non è corrisposto. A volte va così, a volte no, ed è proprio bello perché ti senti parte di qualcosa. Non sai bene cosa, ma non ha importanza. L'importante è esserci, tutto il resto lo lasciamo per dopo.

Tanto, voglio dire, viviamo sopra a una roccia che è un misero granello di sabbia in mezzo all'universo. A volte è d'obbligo chiudere gli occhi, respirare, non farsi troppe domande e semplicemente fare quello che sentiamo, quello che ci preme dentro.

È così che funzionano i «Ti amo», esplodono di getto, come un geyser, e vanno lasciati fare.

Episodio 190: T'immagini se, da un giorno all'altro, ci dimenticassimo di noi?

Penso che sarei capace di provare quella nostalgia per le cose non vissute.

Non sarei in grado di pensarti, ma, se mi chiedessero qual è la mia ragazza ideale, t'immaginerei dall'ultimo dei tuoi tanti capelli alla punta dei tuoi piedi sempre freddi, passando per quelle strane spine che ti ritrovi, che bramano il calore di un abbraccio ma si perdono nella paura di un «ti lascio».

E senza conoscerti, se dovessi incontrarti, penso che perderei la testa un'altra volta, che vedrei le stelle, le conterei a una a una, e capirei che non sono niente rispetto a te, che se dovessi trovarmi su un altro pianeta mi farei l'universo a piedi pur di baciarti. Alcune cose sono inevitabili, tipo guardarti e chiedermi: Dove sei stata per tutto questo tempo? Altre, invece, te le devi andare a cercare, che se davvero dovessi dimenticarti penso che mi starebbe bene perché potrei riviverti un'altra volta come la prima volta.

Ma anche così va bene, sai?

Intendo, io e te con tutto il nostro bagaglio di ricordi.

Tanto tu sei tutta da scoprire, sempre.

16

Io so cos'è l'amore, ma non so amare

-350 GIORNI AL MIO CUORE SPEZZATO

A VOLTE Anna va in crisi per le cose più semplici. Per esempio, se le cerco la mano mentre camminiamo, lei la ritrae e si guarda attorno come se i passanti la stessero giudicando in continuazione.

Un giorno mi ha confidato: «Sono stata con tante, tante, altre persone. Brevi momenti, una notte protratta al massimo per qualche giorno». Io la guardavo e cercavo di trovare il punto del suo discorso. «Ora mi considererai una troia, lo so, ma te lo volevo dire. Cioè, dovevi saperlo.»

Allora mi sono avvicinato, le ho poggiato il palmo della mano sulla guancia e lei ha chiuso gli occhi e l'ha stretta a sé, come se bastasse quel gesto per dirle: «Io resto, non m'importa.»

Ma a me piace parlare: «Il tuo passato non mi riguarda, ciò che è stato è stato. La cosa importante è questo momento tra noi. Impegnarci a vicenda per farlo durare il più possibile. Non so per quanto esattamente. Diciamo finché ci va, e a me va tantissimo».

Nonostante lei sia così, sempre sulla difensiva, quasi

aggressiva: un leone nella savana, che osserva tutto e sceglie attentamente chi sbranare.

Calvino scriveva che per rinunciare alle cose basta iniziare, poi diventa tutto più semplice. Credo che lo stesso discorso possa essere applicato all'amore. Puoi trovarlo impossibile, irraggiungibile o, semplicemente, inadatto a te. Ma appena cominci a conoscerlo, ad avventurarti per i suoi sentieri, non torni più indietro, procedi sempre dritto, a passo spedito. A un certo punto diventa naturale, la cosa essenziale è il primo passo.

«Vedi, io non ti conoscevo e nemmeno ti immaginavo. Eri una delle tante persone che avrei potuto incontrare, indefinite, sconosciute, ma appena ti ho vista ho capito che tu non eri come le altre.»

Lasciamo stare per un momento le eccezioni, le rarità, lasciamo perdere tutte queste cose.

«Tu sei tu ed eri semplicemente giusta in quel momento», le dico. In quel preciso istante lei combaciava perfettamente con tutta la situazione, con il mio umore, con l'ambiente, con quel sorriso, con quegli occhi. Lei era lì e di colpo tutto è cambiato. Il mio stomaco si è attorcigliato e non ci ho visto più, da quel secondo in cui ho posato lo sguardo su di lei. «Eri lì, distratta, mentre reggevi quella pila di libri, e sei riuscita a far perdere importanza a ogni singolo atomo dell'universo.»

Faccio una pausa e penso che fa sempre strano innamorarsi, ti senti perso ma per i motivi giusti. La testa è altrove ma i pensieri planano leggeri e non piove mai, c'è sempre sole e la notte hai voglia di parlare ma non con chiunque, solo con una persona. Lei che ti passa le mani dietro la testa e ti guarda fisso e ti accarezza e allora ti sporgi in avanti, ti bacia e tu la baci, le mani si avvinghiano, si muovono, collo, fianchi, guance, tutto.

Sorrido ad Anna e riprendo: «Se tu sorridi, io fiorisco, altroché farfalle».

Perché l'amore fa fiorire campi di girasole dentro di te, e la luce passa dagli occhi e allora tutti guardano lì. Io non lo so cos'è l'amore. Un po' me ne frego, a dire il vero. Certi sentimenti si provano e basta, non vanno spiegati, vanno solo vissuti. Sono liberi, autonomi, devi lasciarli fare. Perché c'è una gamma di sensazioni, effervescenze, brividi, coriandoli, colori, sintomi che non si lasciano descrivere se non con un nome: il suo.

Siamo seduti su una panchina all'ombra di qualche pino. La sua testa è sulla mia spalla. Più che un leone, ora sembra un gattino che fa le fusa.

Ci passano davanti un signore in bicicletta con un giornale sottobraccio, un ragazzo che porta a spasso un cane, una signora che avanza piano piano sostenuta da una stampella, un bambino con la madre. Vanno tutti avanti e noi siamo qui, fermi, a parlare d'amore.

Forse è proprio questo, l'amore: una parentesi in mezzo a tutto il resto.

«Forse mi sbagliavo. So amare, ne sono capace ma non so essere felice», mi dice.

Sospiro, non dico nulla. Ho paura che non voglia capire o che proprio non ci riesca.

Una ragazza sta facendo jogging, si ferma e prende fiato. È vestita con una tuta gialla e rosa visibile anche dallo spazio. Nelle orecchie un paio di AirPods, per ascoltare chissà cosa. Si siede sulla nostra stessa panchina. Ci guarda, sorride. Io ricambio compiendo uno sforzo enorme. Ha il fiatone e ci mette un po' a riprendersi, poi si alza e ritorna alla sua quotidianità. Noi no, restiamo ancora là. Anna non dice una parola.

Come si cura chi non si vuole curare?

Lasciandolo andare, sarebbe la risposta più logica.

Ma che logica segue il cuore?

Episodio 230: Hai paura di essere felice?

A lungo hai pensato di essere impermeabile ai sentimenti e poi ti sei ritrovata davanti a uno tsunami.

L'amore ha preso a calci le tue notti, i tuoi sogni, la porta di casa, il tuo letto, le tue ossa, non ti ha lasciato dormire.

Credevi che, nella tua vita, non ci sarebbe stato più niente, avevi chiuso con tutti. «Si può stare senza», dicevi. Ma è come dire: «Bene, da oggi non ascolto più neanche una canzone».

L'amore è come la musica. Puoi schifare un genere o un artista. Puoi allontanarti per un po' da quei suoni, da alcuni testi, etichettandoli come un momento, una fase, nulla di più. E magari più in là ci ritorni, ci ricadi, quelle canzoni ti sono così familiari, quelle parole le sai a memoria, senza sforzo, un po' come sfiorare la sua pelle con la punta delle dita, il volto, i lineamenti, i suoi confini, i suoi difetti.

Certi pezzi s'incastrano nella tua vita. Certe persone fanno lo stesso.

Succede così, un po' per caso. Come quelle canzoni che ascoltavi in auto da piccola e che ora ricordi ancora alla perfezione. Magari più in là ti scoprirai affine a un genere diverso, o ti ritroverai in un nuovo album così intenso. Troverai parole che combaceranno con la tua anima, così come una lingua con la tua bocca o un profumo con i tuoi gusti. Certi momenti saranno solo ricordi, altri sapranno essere presenza. E ti sentirai capita, e ti sentirai te stessa, e ti sentirai unica e ti sentirai diversa.

Alcune promesse non le potrai mantenere. Continuerai ad amare e a essere musica ovunque andrai. Anche se a volte ti sentirai incomprensibile, sarai sempre una pagina perfettamente leggibile agli occhi di chi ti vorrà bene.

Sei fatta di domande a cui non sai rispondere. Se qualcuno è gentile con te, ti chiedi il perché. Non comprendi i momenti, vai spesso fuori tempo, come un metronomo con qualche difetto. Dicono che alcune delusioni ti cambiano per sempre. Tu sorridi e poi pensi a tutte le occasioni che hai perso per il tuo modo di essere te stessa. E allora t'intristisci ma non lo dai a vedere. Fuori sei roccia dentro è tutto troppo morbido. Ti senti un po' rotta, lacerata, infranta, e trovi che siano più affascinanti degli occhi tristi con una storia dietro piuttosto che la perfezione così evidente negli occhi di chi sorride quando ti guarda.

Sei un'anima fragile che resiste senza sapere come. In cuor tuo speri che qualcuno possa sistemare tutto ma, allo stesso tempo, scappi appena qualcuno prova ad aggiustarti. Non ti piace l'amore perché è sempre troppo incerto. E preferisci sentirti schiacciata, umiliata, illusa, piuttosto che stretta in una certezza. Vuoi dalla tua parte un buon motivo per andartene e, se non te ne mettono a disposizione nemmeno uno, anche un fiore tra le tue mani diventa un pugnale. Forse non sei nata per essere felice. Succede. Ma è più probabile che ti abbiano fatto credere a una cosa, a un'emozione fuorviante, che fa stare meglio una carezza dopo uno schiaffo piuttosto che un lungo abbraccio privo di schegge.

Non sei nata per essere infelice, ma ci credi così tanto che è una sfida farti cambiare idea.

17

Lei agisce

-270 GIORNI AL MIO CUORE SPEZZATO

«VIENE a vivere da me.»

«Come, scusa?» Giulio strabuzza gli occhi e passa lo sguardo prima su di me e poi su Anna.

Siamo seduti fuori dal *Pub delle arance*. È metà mattina e a quest'ora la clientela è composta da qualche vecchietto e un paio di ragazzi che preferiscono godersi la primavera insieme alla fidanzata piuttosto che passare il loro tempo a scuola.

Anna annuisce, sembra felice. Ultimamente ha deciso di apportare qualche cambiamento alla sua vita. Si è tinta i capelli di rosa, ha cominciato a indossare dei vestitini che la fanno sembrare una caramella sgargiante e poi, una mattina, ha deciso che era giunto il momento.

«Vengo da te», mi ha scritto.

Io pensavo volesse passare a trovarmi, che ne so, magari per fare colazione insieme. Ma poi ha specificato: «Nel senso che mi trasferisco. Prendo le mie cose e arrivo».

«Hai già deciso tutto?»

«Non ti va bene?» ha prontamente ribattuto.

In realtà mi andava bene. Cioè, era da un po' che aveva

iniziato a «dimenticarsi» oggetti a casa mia. Spazzolino, vestiti, scarpe, zaini, collane. In salotto c'era pure la sua chitarra, il taccuino con il fulmine, quello del nostro primo appuntamento, e altri fogli a terra con degli abbozzi di canzoni. Almeno ha riempito il vuoto materiale che aveva lasciato Elisabetta. Anche se, in questo senso, mi rendo conto di vivere in una specie di ripetizione degli stessi eventi. Ogni casa ha un'anima, quella del proprietario. In questo caso, no. Il mio appartamento sembra da sempre pronto per essere venduto. Così come l'ho trovato, è rimasto. Forse è per questo che la lascio fare. Già mi immagino le porte coperte da cartelli. Posacenere e fumo ovunque in ogni stanza. Un disordine controllato, di quelli che, prima o poi, rischiano di mandarti fuori di testa o di farti inciampare come sui Lego.

«Ma siete sicuri che sia la cosa giusta?» chiede Giulio, ancora stupito da questa notizia, quasi quanto me quando l'ho ricevuta.

«Ti sei mai innamorato?» gli chiede Anna.

Io trattengo a stento una risata.

«Ah, ma siete proprio fatti l'uno per l'altra voi due.»

«Comunque, si è già trasferita. È tutto fatto», avviso.

È tutto fatto. Fa strano, devo ammetterlo. Pensare di crescere insieme a una persona che fino a qualche mese fa nemmeno conoscevo. Perché vivere con qualcuno è un impegno: si tratta di dividere il proprio tempo, il proprio spazio, la propria intimità. Si tratta di mettersi a nudo anche nei momenti in cui di solito tendiamo a scomparire o a crollare. Non bisogna avere riserve. Si piange insieme, si scherza insieme, si mangia insieme, si coltiva un sogno insieme. Due diventano uno.

Mi spaventa un po', forse più dell'ultima volta. Solo con

Elisabetta avevo fatto questo grande passo e poi è andata a finire in quel modo e, be', è normale, sono rimasto segnato. Il passato non ti abbandona mai. Dicono così, giusto? Ma voglio sperare che questa volta possa andar meglio. Voglio sperare che questa volta niente possa aggiungersi al mio bagaglio degli errori.

Episodio 280: Sai cosa dovresti evitare?

Sei sai già come andrà a finire, fermati, non illudere a oltranza. C'è un confine oltre il quale le persone si sgretolano. Non spingerle fino a quel punto.

Se vuoi tirarti indietro, non andare avanti. Sembra stupido, da ricordare, ma allora perché continui a dire: «Ti amo»? Perché la notte dormite ancora insieme e al mattino fate colazione come se non sapessi che vorresti trovarti altrove?

A che serve continuare a fare questo teatrino della coppia felice? Le coppie felici, quelle che lo sono davvero, non si sforzano di fingere. Sono così e sono belle per questo.

Non pensare di poter addolcire un addio. È una pugnalata anche se cospargi il coltello di miele. Fa male uguale. Non c'è un modo bello di chiudere una storia. Ma c'è un modo elegante, questo sì: essere sinceri fin dal principio. Se provo qualcosa, ti tengo vicino. Se ho dei dubbi, te lo dico. Magari se ne andranno, magari no. Se non sento più niente, allora devo andarmene. È molto semplice, per quanto sia difficile da mettere in pratica.

Non cercare una spiegazione, non cercare una scusa tra le stelle, nell'oroscopo o nei fondi del caffè. Le storie nascono per finire. Certe hanno il difetto di finire prima.

È un dramma? Un po'. È evitabile? Difficile.

Una volta una persona mi ha chiesto perché ero single.

Ho sempre trovato delle persone che ci sapevano proprio fare con gli inizi.

I primi tempi sanno tirar fuori non il meglio di sé ma esattamente ciò che vuoi vedere. Ti capiscono, in un certo senso, ma sfruttano la loro dote solo per conquistarti, mica per tenerti e costruire qualcosa insieme. A un certo punto si stancano, si svelano, mancano d'impegno, di voglia e tutto sfuma in un grande punto interrogativo. Resistono perché non sanno dove andare e non hanno il coraggio di allontanarti ma aspettano di farsi cacciare. Non vogliono pesi sulla coscienza. Vivono di merda, intendiamoci. Però vogliono sentirsi leggeri, a loro piace restare sul pelo della superficie. Io non so vivere così, lo considero uno spreco. Il meglio risiede sempre nei fondali.

Arriva un momento in cui devi capire se il suo mare vale ancora la pena o se l'unica cosa da fare è mollare la presa e andar via. Ma non basta urlarsi contro che è finita, non sarà mai un addio a sancire la fine di un sentimento, di un pensiero che ti frulla per la testa.

È qualcosa che ti senti dentro, può andare tutto male eppure tu vuoi solo stringere più forte.

È come dire a qualcuno che non ha senso aspettare chi si fa i comodi suoi altrove.

Il fatto è che l'amore non ragiona e tutto ha un senso, anche ciò che a prima vista sembra non averne. L'amore non accetta consigli, è testardo e farà sempre di testa sua.

Aspettare, sperare, provarci ancora una volta e altre mille, se è il caso. Finché andrà bene?

No, finché si avrà almeno una briciola di cuore, il minimo per continuare a sognare. Ma se così non è, allora lascia stare.

18

Parlami di te

-250 GIORNI AL MIO CUORE SPEZZATO

«È LEI?»

«È lei.»

Nonno la osserva con attenzione. Jack si lascia coccolare, e questo è un buon segno. Anna si guarda intorno. Le avevo detto che si sarebbe sentita parecchi occhi addosso, mi aveva assicurato che non sarebbe stato un problema ma non si aspettava così tante fotografie su quelle povere pareti. E tutto quel giallo. Oh, quanto dà fastidio agli occhi tutto quel sole chiuso nella stanza.

«Guarda, c'è anche la foto che abbiamo a casa», Anna si avvicina per guardarla e poi passa in rassegna anche le altre.

«Hai un tatuaggio», mio nonno intanto continua la sua analisi.

«Più di uno», gli sorride.

«Mmh.»

Io resto immobile in attesa di un suo giudizio anche se, a dire il vero, non ne ho bisogno. Sento di aver scelto per la prima volta in vita mia la persona che voglio avere accanto. Non mi era mai capitato. Prima di Anna, mi ero sempre fatto scegliere, accettando o meno la decisione degli altri.

«Che lavoro fai?» Stringe gli occhietti piccoli piccoli come se servisse per metterla meglio a fuoco.

«Lavora in biblioteca», rispondo io vedendola distratta dalle foto.

«Ma vorrei fare la cantante», sottolinea, «qui eri proprio carino, sai?» Picchietta con un dito sopra a una fotografia scattata durante un carnevale. Io vestito da mini Ih-Oh con il broncio, mamma da Tigro e papà da Winnie the Pooh.

«Una sognatrice con i piedi per terra», lo dice come se lo stesse pensando tra sé e sé.

Poi il nonno mi afferra un braccio, ci mette tutta la forza che ha per farmi capire che mi vuole dire qualcosa che lei non deve sentire. Allora mi avvicino e all'orecchio mi sussurra: «Mi piace, mi piace, ma non sarà facile!»

«In che senso?»

Non fa caso alla mia domanda, o forse non l'ha nemmeno sentita. Ci offre del succo d'arancia, lui se ne beve due bicchieri. Credo che da anni, ormai, il suo corpo sia costituito al 60 per cento da succo d'arancia.

«Eravate proprio una bella famiglia», dice Anna dopo aver osservato ogni singolo scatto.

«Già», inizia mio nonno, «eravamo. Il tempo si mangia tutto», borbotta, «ma qualcosa resta.» Mi dà una pacca sulla mano, come se ci fosse un sottinteso tra di noi e dovessi riuscire a capire al volo le sue parole. «Lottate per questo.»

Jack gli salta in braccio. Dice che il cane quando fa così vuole andare a dormire ma secondo me è solo una scusa. Non gli piacciono le riunioni. Cerca sempre di isolarsi, quando può. Quindi ci saluta e sparisce in salotto.

Fuori è tranquillo. Anna mi prende per il braccio e ci scambiamo un sorriso. «È andata bene.»

«Ti adora», le dico io.

«Davvero?»

Non le era mai piaciuta nessuna, o almeno così mi aveva detto. Forse è la verità, forse voleva farmi pesare meno l'addio di Eli. Resta il fatto che ha sempre fatto lo stronzo e invece con Anna non si è lamentato nemmeno per i tatuaggi o per i suoi sogni troppo irrealistici per chi vive di certezze.

È una gran bella giornata, cosa potrebbe andare storto?

Episodio 290: Come la descriveresti?

È una piccola sfumatura di cielo, per niente timida, e mi ricorda un pezzo d'arcobaleno, l'attimo dopo la pioggia, non l'istante in cui tutto tace, ma quello successivo in cui la vita riprende a urlare. È un insieme di tante pagine strappate dalla rabbia, capitoli bagnati dalle lacrime, frasi sottolineate più e più volte, e di punti esclamativi, un'infinità. Perché: ti devi amare! Non devi tornare! Non guardarti indietro! Fai attenzione! Arriverà di meglio!

Alle cose belle bisogna crederci, altrimenti non arrivano.

Ha le ginocchia sbucciate, colpa di cadute importanti. Ha i sogni appesi a un canto sottile. È sempre distratta, non guarda mai dove cammina, non sa dove sta andando ma sa bene dove vuole arrivare. Cerca equilibrio ma è completamente scoordinata. E poi ha questa esigenza d'amore ma vive con la paura d'amare. È un po' selvaggia, è un po' all'antica. Trova affascinante ciò che brucia, ma non illumina; con il tempo ha imparato a nascondere i punti deboli, ma è servito solo a dimenticarsi di poter cadere.

È tutta un battito veloce, sentimenti impossibili da addomesticare, vento tra i capelli anche quando è ferma a un semaforo rosso. Si lancia in ogni situazione, non ha un freno ma solo l'acceleratore. Ha grandi occhi che si illuminano come fuochi d'artificio in un cielo nero che viene colorato per intero. Si emoziona spesso anche se cerca di fare la dura. Si finge acida, ma basta conoscerla un po' per capirla, l'accesso al suo mondo non è consentito a chiunque. Da un cuore spezzato è nata una fortezza. Si mostra spensierata e invece dentro non c'è un solo attimo di silenzio.

Si crede impossibile da amare, eppure io, ogni volta che la guardo, penso che la sto amando davvero.

Lei non se ne rende conto o io non sono abbastanza bravo a dimostrarlo?

19

Punto d'incontro/punto di rottura

-100 GIORNI AL MIO CUORE SPEZZATO

IL sabato è il giorno della settimana con più aspettative e ansie a suo carico. Perché fin da ragazzino hai questa esigenza di fare qualcosa: uscire, incontrare qualcuno, vivere la tua vita al massimo. Ma chi l'ha detto che per vivermela al massimo devo essere costretto a incontrare delle persone che nemmeno m'interessano più di tanto? Poi cresci e pensi di poter scegliere cosa fare, se uscire, andare a bere o restare fermo sul divano con davanti un film e una pizza e sentire di fare schifo ma riuscire a giustificarsi. E invece no, al massimo sei libero di annullare un'uscita, forse due, ma non di più.

Se dai buca troppe volte, le persone finiranno con l'allontanarsi da te. Lo stesso vale nelle relazioni amorose.

Anna mi chiede dall'altra stanza: «Vuoi fare qualcosa?»

E nella mia mente passo in rassegna tutte le opzioni:

- c'è il solito ristorante: «Wow, sai che novità»;
- ci sono altri ristoranti da provare: «Gira davvero tutto intorno al cibo?»;
- c'è una mostra nella città vecchia: «Sì, e poi?»;
- un concerto? Quattro salti in discoteca? Un giro in au-

to? Una passeggiata sul lungomare? Un kebabbino? Relax sul divano? Che ne dici di fare l'amore per ore? Uscita a quattro? Due passi in centro? Invitiamo qualcuno a casa?

E alla fine è sempre il solito. Non so se la mia sia voglia di novità o semplice noia nei confronti di ogni possibilità.

«Allora?»

«Non lo so, fai tu.»

«Come sempre», dice frettolosamente.

«Che intendi?»

«Se c'è una cosa che odio di te è che non sai scegliere. Ho scelto io per te la prima volta che ci siamo visti. Ho scelto io di trasferirmi qua. Ho scelto io di aprirmi con te. Perché tu vuoi le cose, ma non hai il coraggio di farti avanti, di aprire quella dannata bocca! E mi fa rabbia.»

«Davvero? Tutto questo solo perché non so dove andare questa sera?»

«Il punto non è il posto, è la scelta! Tu non scegli mai! Niente! Zero! Aspetti, ecco cosa fai. È una vita che aspetti. Vuoi l'amore, per esempio, lo pretendi pure. Ma cosa fai per meritartelo?»

«Ho fatto più di quanto immagini!» Forse non dovevo dirlo.

Anche Anna, presa dalla rabbia, non tiene a freno la lingua: «Sai che ti dico? Tu stai pure qui, divertiti, guardati un film. Io esco con Miriana, almeno a lei, se le chiedi di fare qualcosa, la fa! Non si limita a parlare, come qualcuno...»

Se c'è una cosa che non sopporto sono le sfuriate in una coppia. Mi fanno stare male per giorni, mi fanno dubitare di tutto, anche se non dovrei. Dicono sia normale, ma ogni volta sto da schifo e la volta dopo è sempre peggio. E odio

Anna perché quando litiga si mette d'impegno, alza la voce così tanto da sembrare un gigante. Si fa grossa, si fa forte più del solito e ti spezza in due soltanto con qualche parola. Odio Anna perché io e lei andiamo avanti così, a fasi alterne. Ci sono attimi in cui mi meraviglio di avere certi pensieri e altri attimi in cui mi chiedo: Ma sto mandando avanti tutto io? Se mollassi la presa, lei se ne andrebbe?

Ognuno di noi pensa di tenere in pugno l'altro. Chi ha ragione? Nessuno ammette le proprie colpe.

È tutto sbagliato, ma può migliorare. Può sempre migliorare. Dicono anche questo, è corretto? Dicono così tante cose che non so più a chi devo credere.

Una cosa però la so.

Ci sono dei momenti che riequilibrano ogni cosa. Momenti in cui la pazzia non è di casa, la paura di sbagliare si fa piccola, ed esce allo scoperto la tenerezza.

Come quella sera: un parchetto, due altalene. A terra, sulla ghiaia, c'è un cartone della pizza. Lei canticchia una canzone, *Per due che come noi* di Brunori Sas. E c'è questo filo di vento, così leggero, quasi impercettibile, come una carezza di chi non vuol disturbare.

L'altalena ondeggia con un ritmo regolare. Anna va su. Anna va giù.

Sbaglio sempre quando mi chiedo quale sia il senso di tutto. Dovrei solo godermi l'attimo ma non ce la faccio, non come vorrei. Le mie intenzioni sono buone, la messa in pratica non mi riesce bene.

«Vieni un po' qui», l'altalena si ferma piano piano.

«Dove mi metto? Non c'è spazio per due.»

«Aspetta», si alza, mi fa sedere e poi si mette sopra di me. È leggera, come questa situazione. Nell'aria c'è profumo di mozzarella e origano e io ho la testa immersa fra i suoi capelli e la fragranza di shampoo all'albicocca si mescola con tutto il resto e penso che sia così che un profumo si lega a un ricordo. Penso che ci penserò per sempre. E penso di essere sbagliato perché mi soffermo su questi pensieri piuttosto che fare o dire qualcosa.

«Sst», sussurra.

«Che c'è?» le chiedo.

«È una bella serata, non credi?» Solleva la testa e guarda in alto. Le nostre mani si toccano sulla catena che sostiene l'altalena. Lei stringe un po' le sue, io faccio lo stesso. Sta respirando lentamente. La sua schiena è contro il mio petto e mi sembra quasi di sentire il battito. Tanti puntini luminosi trovano il loro spazio tra le foglie.

«È una bella serata», le appoggio la testa sulla spalla e poi le bacio il collo.

E anche noi troviamo il nostro spazio. Non so esattamente dove. Forse nel caos, forse nell'universo, forse solo su quest'altalena, nell'incastro di un abbraccio. Non ne ho idea. Ma questo è il nostro momento, ne sono certo.

Episodio 295: Sai come finisce?

Ti ricordi il nostro primo bacio, le corse in auto, il giorno del mio compleanno.

Ti ricordi che io il caffè lo prendo senza latte ma con tre cucchiaini di zucchero, che l'amaro non mi piace.

Ti ricordi che quando mi arrabbio la chiave per fare pace è non lasciarmi parlare e darmi subito un abbraccio e rubarmi un bacio, che non è da me strepitare, sono una moka senz'acqua.

Ti ricordi le mie serie tv preferite, sai che vado pazzo per le sitcom, che *Scrubs*, *Friends* e *How I Met your Mother* sanno svoltarmi la giornata. Sai che a volte ho bisogno di spazio e di ridere per le solite battute che conosco a memoria. Sai che tu per me sei la ragazza con l'ombrello giallo, che io sono il cucchiaio grande e tu quello piccolo, ma a volte ho bisogno del contrario. Sai che sono scemo come Ross e quando m'innamoro non capisco i segnali. Sai che mi piace giocare, che sei un po' il mio Turk. Sai che sceglierei sempre una serata te, una pizza e un divano.

Ti ricordi i miei autori preferiti e sai sempre che regalo farmi. Sai che detesto i romanzi rosa e le storie in cui si piange. Sai che mi rattristo facilmente, che sono sensibile e fin troppo empatico, assorbo tutto e poi mi sento male. I film tristi nemmeno li guardo, per me sono peggio del miglior horror.

Ti ricordi che mi piace quando mi dai un bacino sulla punta del naso o quando la sera mi passi una mano sulla testa e me la accarezzi finché non mi addormento sul tuo ventre.

Ti ricordi che il mio colore preferito è il grigio, che al ristorante non ordino mai la pasta, e nemmeno le cozze, troppe brutte esperienze.

Ti ricordi che vado pazzo per le attenzioni inaspettate, e che non so mentire, mi trema il sopracciglio destro quando lo faccio.

Ti ricordi la mia passione per le gonne, che se ne indossi una e fai le scale mi sento in obbligo di aiutarti a salire poggiando una mano sul tuo sedere. Ti ricordi che amo farti ridere, sono innamorato della tua voce e mi rilassa quando la notte canti una canzone prima di dormire.

Ti ricordi ogni cosa ma non ci fai più caso. Una persona è solo un'ombra quando l'amore scompare.

20

C'è sempre una fine

-5 MINUTI AL MIO CUORE SPEZZATO

UNA delle sensazioni peggiori è sentire distante la persona che hai nel cuore. Guardarla e non capire più a cosa stia pensando, come se ci fosse una barriera che fino a un po' di tempo prima non esisteva. Succede di tenersi tutto dentro, ed è così che appassiscono i rapporti.

Sapevamo stare in silenzio, io per le mie, lei per le sue. Soprattutto certe sere, io con un libro e lei a scrivere canzoni o a suonare la chitarra. Si stava bene, nessuno dei due sentiva il bisogno di dire qualcosa, di buttare nell'aria parole pur di sentirsi meno soli. Non ce n'era bisogno. Perché? Le relazioni sono come un dipinto. Se metti i giusti colori sulla tela, trovando un perfetto equilibrio, non sentirai la necessità di aggiungerne degli altri.

Ma questa sera è diverso. Ha lo sguardo lontano, di chi ti guarda ma vede altro.

Non sa restare in silenzio chi ha la testa piena di pensieri e si fa troppe domande.

«Anna, che succede?» le chiedo.

Fa una smorfia e mi risponde: «Niente, stai tranquillo».

Ma io non ce la faccio a stare tranquillo se ciò che vedo non mi convince.

Da qualche giorno la sento distante, come se fossimo tornati all'inizio della nostra storia, a quei primi giorni euforici e turbolenti, in cui non riuscivo a decifrarla e questo mi mandava in pappa il cervello.

Ora ha preso la sua chitarra. La finestra è aperta ed entra una bella aria. L'estate è a metà e il cielo è sgombro di nuvole e pure di stelle, la luna è piena, sembra così pesante, quasi in procinto di precipitare. Come noi.

Anna prende anche una sedia, l'accompagna lì vicino. Poi dà un'occhiata fuori, prende un respiro. I suoi capelli rosa risaltano di più in quella cornice di luce e ombra.

Si siede e suona qualche nota, leggera come l'aria. Non canta, non ce n'è bisogno.

Mi chiedo cosa le stia passando per la mente e poi mi sembra evidente: le manca qualcosa. Spero non qualcuno. Chiamiamolo sesto senso, ma io me lo sento che non andrà a finire bene. Quando uno prova ad avvicinarsi e l'altro si allontana, come due calamite che non vogliono restare insieme. Riesco a percepire il muro che si è costruita dentro. Vorrei scavalcarlo o aggirarlo in qualche modo, ma bisogna essere in due anche per andare oltre le misure di sicurezza a protezione del proprio cuore, altrimenti diventa impossibile conquistare la fortezza. Bisogna essere sempre in due, è questo il problema. Anche quando va male.

Smette di suonare. Guarda ancora un istante fuori dalla finestra e poi si volta verso di me. Ha lo sguardo di chi sta cercando di trattenere a forza le lacrime.

«Io», si ferma subito come se già non avesse più fiato, «non so come dirtelo...»

«Che succede?»

«Ti amo tanto, lo sai. Ti amo come non ho mai amato nessuno. Dico davvero. Sei stato la mia prima volta, in questo senso. E forse è per questo che sento di dirti... questo.» Alcune lacrime hanno cominciato a rigarle il volto, scendono giù lentamente come gocce di pioggia sul finestrino di un'auto e io mi trovo all'interno dell'abitacolo, circondato da un improvviso temporale.

«Mi sento vulnerabile, tanto, troppo vulnerabile. Sento come se le tue braccia fossero l'unico punto di questo mondo in cui mi è concesso di stare bene.»

«Non capisco, Anna.»

«Io... non voglio tutto questo. Non voglio appartenere a qualcuno. Non l'ho mai voluto.»

«Ma è così che funziona l'amore.»

«Allora, forse, non ci sono portata. Sono ingestibile, mi sento così. Perché non so gestire la mia vita e nemmeno i sentimenti, perché voglio farmi stringere ma voglio anche respirare e tu potrai pensare che ci possa essere una via di mezzo, un compromesso.»

«Si può sempre trovare...»

«Non in questo caso, credimi. Sono notti che non dormo. Penso a una soluzione e l'unica cosa che mi viene in mente è la vita che facevo prima, in cui ero sola, sognavo in grande, mi divertivo, cantavo, dannazione, cantavo sempre, ogni sera, in ogni locale, e non avevo troppi pensieri. Certo, con te ho toccato un altro tipo di felicità, ed è stata una novità», i singhiozzi intervallano ogni sua parola, «ma forse ciò che voglio non è la felicità, ma qualcosa di meno, qualcosa di mio, solo mio.»

«Non puoi dirmi che è finita qua, così...»

«A volte ti guardo dormire», un sorriso si fa largo sul suo volto ma le lacrime non s'interrompono, «te ne stai lì, sereno, a volte muovi gli occhi, la bocca, la lingua, e mi chiedo cosa sogni e poi mi domando perché non sto sognando insieme a te. Sei la cosa migliore che mi potesse capitare ma io sono un problema che tu non potrai mai risolvere. Nessuno ne sarà mai capace.»

«Anna...»

Episodio 360: Sai che cosa penso?

Non mi è mai importato qualcosa di te. Detestavo i tuoi sbalzi d'umore, il tuo essere sboccata e disordinata, i tuoi modi così rudi, le tue paure infondate. Non mi è mai piaciuto il tuo corpo, mentivo solo per averti. E ho sempre odiato il tuo essere misteriosa, il tuo evitarmi per poi ritrovarmi. Ho baciato bocche migliori e osservato occhi più belli dei tuoi. Ho toccato corpi perfetti, anime pure, lisce come la seta e più consistenti di te.

Ci sono ragazze bellissime là fuori, più interessanti, più acculturate, più attente, più prestanti, più alte, più magre. Ragazze che, appena ti sfiorano, ti fanno prendere fuoco. C'è di meglio, molto meglio. Parlo di persone che non sono come te, tutte graffiate, tutte ammaccate, tutte piegate, piene di debolezze, d'incertezze, di ti prendo e poi ti lascio andare, che l'amore non è fare bungee jumping, ma tu non l'hai mai capito, mi hai fatto solo perdere tempo e mi hai fatto pure incazzare.

Ti giuro che, quando troverai qualcun altro, quando inciamperai in un'altra storia, ti tornerò in mente e mi ricorderai bene. Sarò stato il tuo ultimo incendio. Tutto il resto, un fuoco di paglia.

C'è di meglio là fuori, dico davvero. Per te una cosa qualsiasi. Per me qualcosa di serio. Qualcosa che c'è oggi ma sa resistere anche domani. Che io voglio essere vissuto ma non a tratti. Ho cercato continuità in una linea tratteggiata. Stupido io o stupida tu? Stupidi entrambi.

* * *

Sai qual è la verità?

È tutto il contrario di ciò che ho detto ma preferisco alterare ciò che sento.

La verità è che nessuno saprà ciò che siamo stati. E io, a parole, non saprò descriverlo. Perché come puoi spiegare le file al McDrive con la musica a palla, tu in sottofondo che canti, il sedile abbassato, e poi ridi, scherzi e mi provochi. Il profumo di fritto, le patatine che fumano, il finestrino a metà, l'aria fresca, io che corro troppo per le strade di questa città tutta accesa quasi quanto noi. Arrivare a casa, avere fame ma avere ancora più voglia di te.

Come puoi spiegare la semplicità?

Il 30 agosto, per esempio. Un giorno come tutti gli altri, eppure perfetto. I finestrini appannati, le tue cosce sudate, la mia mano che ti tocca, i tuoi strani versi. E poi guardare il cielo, rimasugli di stelle, stesi sul cofano, con le zanzare che ti pizzicano il sedere e a me la faccia, poi mi baci le punture, pure io con le tue, parliamo di ogni cosa senza parlare di niente. A quasi trent'anni ci siamo sentiti entrambi adolescenti. E finire il tutto con i tuoi sussurri a denti stretti, con le cicale in sottofondo, e qualche parola che non posso ripetere. Una promessa, un piccolo segreto.

Esiste l'infinito? A quanto pare, no.

Ed è vero che ti odio.

Ed è vero che mi manchi.

Una volta mi hai detto: «Se non mostri carattere, la gente ti schiaccia e si dimentica di te».

Mi abbraccio e mi dico che passerà.

Un giorno mi siederò da qualche parte e smetterò di cercarti.

Ma ora è notte, tutto tace. Da giorni dormo male. Certe persone s'incastrano dove non puoi arrivare, tra le costole e il cuore, un po' ovunque sotto la pelle come quel brivido che mi facevi provare.

Certe persone s'incontrano quando il momento è sbagliato ma ti convinci che quella cosa che dicono sul momento giusto da cogliere al volo è una cazzata. Anche se hai la testa altrove senti l'esigenza di darti fino a consumarti. E non vuoi sprecare niente anche a costo di sprecare te.

È un bisogno viscerale, quello di sentirsi al sicuro tra due braccia soltanto, rifugiarsi tra due labbra dal sapore unico al mondo, e poi giocare con i suoi capelli, dedicarsi canzoni, scoprire i propri gusti, passare le notti a fare l'amore, e anche le mattine, perché sì, va così, e accarezzarsi e trovarsi, scoprire ogni pezzetto d'anima che hai in corpo, combaciare in qualche modo in mezzo a tutto questo caos. Trovare nelle proprie abitudini un senso di appartenenza, avere sempre qualcosa da fare, un posto da vedere, un bar in cui andare a bere, un biglietto pronto per partire, ma saper stare bene anche stando fermi la domenica pomeriggio su un divano con un film alla tv e una cioccolata calda in mano.

Certe persone fanno rumore, scombussolano tutti i piani, ti fanno scoprire cose nuove, ti fanno perdere di vista il tuo passato, ti fanno innamorare di un momento, di un luogo. E poi ti fanno provare una particolare malinconia quando se ne vanno. E un film a colori di colpo diventa in bianco e nero, sbiadisce completamente, perde il suo calore e tutto è così gelido che sembra debba nevicare da un momento all'altro. Ma non succede nulla, è come stare dentro una di quelle palle di vetro, quelle con la neve e qualche casetta, dove tutto è immobile per sempre a meno che tu non decida di scuoterle. Alla fine, comunque, tutto ritorna allo stato di partenza, di quiete apparente.

È tutto immobile. È notte, vorrei scriverti ma il mio corpo non risponde. Riesco solo a parlare, a dire queste mie stupide parole in ricordo di un amore. Non ce la faccio più.

Chissà se ti mancano almeno un po' quei momenti nostri.

Chissà se mi pensi allo stesso modo, se ti svegli e ti chiedi se sono già sveglio.

Chissà se pensi a quello che sto facendo. Chissà se ridi ancora pensando alle mie battute, una volta lo facevi.

Chissà se ridi allo stesso modo o con il tempo hai aggiunto una nota allegra oppure più triste.

Chissà se il tempo ti ha segnato, non parlo di pelle, ma qualcosa di più profondo.

Chissà se mi cerchi dentro gli occhi della gente, in mezzo a sguardi anonimi che non sanno di niente.

Chissà se certe notti ti vengono i brividi, che il letto t'inghiotte, e il piumone non scalda abbastanza e il tuo umore sprofonda e la luna all'improvviso risalta.

Chissà se scatti ancora mille foto ai tramonti ogni volta che ti capita di vederne uno.

Dicevi che le cose belle vanno immortalate, perché finiscono.

Quanto eravamo belli insieme, io e te.

Ci potrà mai essere dell'altro?

Chissà se ogni tanto te lo domandi.

Cosa evitava di dirle?
Tutti noi abbiamo una nostra natura, un modo di fare che ci viene spontaneo, un posto in cui tornare, un modo di vivere che ci appartiene.

Da come l'ha raccontata sembrava tanto la solita scusa del «Sono io il problema, credimi, non sei tu. Non è colpa tua».
Certo, questo è un po' quello che ha detto ma non era una scusa, era sincera. Anna è così, funziona a fasi alterne. A volte è un terremoto, a volte è un temporale. Non conosce pace, non sa proprio cosa sia. Vive di tormenti interiori che la divorano. L'ha sempre fatto. Dal primo sguardo e anche dopo. Si è sempre lasciata divorare dalle sue emozioni. Sa qual è il suo problema? Non dice mai ciò che prova ma solo ciò che pensa. Su quest'ultima cosa è molto diretta. Sulla prima, be', è come se avesse messo il cuore in una gabbia. Ma a cosa serve? Non ti salvi così. Stai solo peggio. È paura di vivere? No, no, è molto peggio. Lei vive tutto a mille all'ora ma pensa di non meritare le cose belle che trova. Viaggia su un'auto con un solo posto, il suo.

Le voglio fare un esempio. Immagini di trovarsi davanti a un'infinita tavola imbandita. A ogni passo c'è una pietanza diversa, sempre nuova, mai la stessa. C'è solo una regola: può assaggiare ogni pietanza ma, se decide di fermarsi, non può più andare avanti. Insomma, dovrà limitarsi a mangiare quello stesso piatto per tutta la vita.

Anna è così, ha cominciato ad assaggiare e, piatto dopo piatto, deve aver trovato sicuramente qualche preparazione favolosa ma ha deciso di proseguire perché la tenta di più la novità che ritrovarsi a vivere sempre la stessa cosa, nonostante sia deliziosa.

Ha paura di stancarsi.
Esatto. Ma fa parte del gioco, non crede? Che senso ha fermarsi prima del tempo? In amore non siamo mica calciatori. Cioè, per me non è pensabile mollare tutto quando mi ritrovo a fare la stagione della vita, quando ho le mani piene di trofei. In amore, se tutto va bene, devi ritenerti fortunato e continuare a fare in modo che funzioni, perché se rallenti finisce tutto. Basta un attimo, per le coppie fragili. Un po' di più, per quelle più collaudate. Ma se cominciano a mancare determinate attenzioni, la persona che hai accanto si volatilizza.

Ma ognuno è diverso, non è forse questo il bello? Forse no. Vorremmo essere simili per comprenderci meglio, senza troppa fatica. Ma non è così, e allora dobbiamo provare a metterci nei panni degli altri. Dobbiamo provare a essere più empatici, più sensibili, a calzare certi sentimenti anche se non li abbiamo mai vissuti sulla nostra pelle, a capire certi brividi, il perché di alcuni pensieri.

Sul momento ero stordito, devo essere onesto con lei. Dopo, però, credo di averla capita, almeno in parte. Non ha smesso di amarmi. Mi ha lasciato quando aveva ancora il cuore pieno. Questo come mi ha fatto sentire? Male, è ovvio. Sono stato da schifo per un lungo, lunghissimo periodo. Mi ricordo Giulio che provava a tirarmi su in tutti i modi senza ottenere risultati, e poi mio nonno che per farmi stare meglio mi diceva: «Eh, te l'avevo detto che non faceva per te!»

E allora io gli rispondevo: «Guarda che a te piaceva, e non poco!»

Lui sbuffava e guardava altrove, poi aggiungeva: «Tornerà». Ma non è mai stata brava a mentire e tutto ciò che mi ha detto era la verità.

Ho provato a cercarla. Dico davvero. Solitamente sono uno che non si dà per vinto ma a un certo punto mi sono reso conto che chi non vuole essere trovato va lasciato andare.

Non è più una questione d'orgoglio. È solo che, alla fine, può tornare solo chi se n'è andato, e io sono rimasto. Solo. Fino all'ultimo. E anche dopo. Ma sono rimasto.

Episodio 500: Sai cos'è il caso?

Nella vita t'imbatterai in una serie di coincidenze che non ti saprai spiegare. Finirai con il pensare che sia tutto collegato, in qualche modo, che ogni passo fatto ti abbia portato fino a dove sei arrivato per un motivo ben preciso. Ecco, questo è il caso. Ma è anche molto di più, perché è un intreccio di strade, alcune già percorse, altre che devono ancora essere battute.

È incredibile anche solo il fatto d'incontrare una persona, una sola, in mezzo a tutta la confusione che è la tua vita di ogni giorno, e scoprire di combaciare perfettamente insieme, come mani fatte apposta per unirsi. Sai di cosa parlo? Qualcuno che ti alleggerisce l'esistenza, che ti allenta il nodo alla cravatta quando la giornata è storta e ti sembra di soffocare, qualcuno che conosce perfettamente ogni tua perversione e non solo ti accetta ma le condivide con te.

È incredibile avere l'opportunità di essere felici, di iniziare scambiando due parole e di proseguire verso una meta sconosciuta ma restando sempre l'uno accanto all'altra, nonostante tutto. Il nonostante tutto è molto importante.

Ma soprattutto è incredibile ritrovarsi dopo essersi persi, perché, sì, può capitare. La strada è lunga e uno dei due può sempre inciampare, non per forza in un tradimento. I fraintendimenti sono sempre dietro l'angolo e, anche se la strada è la stessa, è impossibile fare gli stessi passi.

Sai cos'è il caso?

Ritrovarsi in un luogo che non c'entra niente con voi.

In un momento in cui non vi stavate nemmeno pensando e di colpo eccovi, ognuno nella testa dell'altro.

Certi chiodi fissi sono come fiori e prima o poi appassiscono. E poi ci sono quelli che vanno contro qualsiasi regola e rifioriscono quando sembravano ormai spacciati.

21

A volte ritornano

5 ANNI DAL NOSTRO ADDIO

LA vita va avanti, lo impari a tue spese. Perché pensi di poter tornare a stare bene, ma dipende sempre da ciò che ti sei lasciato alle spalle. Ci sono perdite che si risanano con il tempo, come una città che ruba spazio alla natura, ma appena la città muore, la natura ritorna in possesso di ogni cosa. Peccato che non funzioni così con tutte le persone. Perché alcune si legano in un modo più profondo. C'è questo filo rosso, verde, viola o blu, non ha importanza il colore. Magari non è nemmeno un filo, è un legame d'acciaio, un involucro di adamantio che racchiude in sé due anime. Qualcosa che non ti sai spiegare, ma c'è, lo senti.

Sono passati cinque anni da quando io e Anna ci siamo lasciati, ed è cambiato tutto.

Sto camminando per il centro, è domenica e Alessandra aveva voglia di andare per negozi.

Alessandra è la mia nuova ragazza. È tutta ordinata, mai un capello fuori posto, mai una parola di troppo. Si sa dosare alla perfezione in ogni situazione. E spesso mi tira su quando sento di trovarmi in bilico. Alessandra è preziosa perché mi ha trovato in un periodo nero della mia vita. Non volevo più affezionarmi, ma nemmeno restare da solo. Cercavo qualcosa di serio, qualcosa di stabile. Un po' di calore, qualcuno che ti scrolla di dosso l'inverno, che a volte il freddo penetra fin dentro le ossa. E lei era questo. La carezza materna che mi è sempre mancata. Una buona compagnia. Pelle candida, nemmeno un tatuaggio. Capelli sempre dello stesso colore. La normalità dopo tanta agitazione. Anche i grandi amori finiscono e poi si ritorna con i piedi per terra e ci si deve adattare. Quante possibilità ci sono che un fulmine colpisca due volte la stessa persona? È raro trovare l'amore. È molto più facile perderlo. E a volte si rimane senza.

Si avvicina a una vetrina, poi mi corre incontro, mi prende la mano e mi indica un vestito: «Quello come mi starebbe?» Quando si tratta di shopping, sembra sempre eccitata.

«Ti starebbe», non sono mai stato bravo a dare consigli di questo tipo. Il mio guardaroba è sempre uguale, ogni anno, ogni stagione.

«Mmh, non mi dai mai soddisfazione! Uscire con te è come portare a spasso un cane.»

Non posso darle torto.

«Vabbè, vabbè», mi prende a braccetto e mi dà una spintarella, «non posso prendermela con te, lo sai.»

È una bellissima giornata di sole, il cielo è sgombro, le strade sono piene di auto e il marciapiede è affollato di persone. Un susseguirsi di sguardi distratti e sconosciuti. Un sacco di combinazioni. Magari solo da questo lato della strada ci potrebbero essere delle anime gemelle che non si troveranno mai.

C'è una ragazza con dei vistosi tacchi rossi, gonna lunga

e stretta sui fianchi, una camicetta che fa intravedere il reggiseno e lo sguardo deciso di chi sa dove andare, sa cosa fare, sa sempre cosa dire. La classica ragazza che non va mai fuori dagli schemi, che la sua vita è un programma, è stato tutto deciso fin dalla partenza. Come giocare a Monopoli e sapere già come andrà a finire la partita.

Mi passa accanto. Devo spostarmi per non urtarla con la spalla. Ha un buon profumo e sicuramente una storia da raccontare che non avrò mai il piacere di ascoltare.

Una madre e un padre sono davanti a noi e rallentano il passo di tutta la trafila di persone che abbiamo alle spalle. In mezzo a loro c'è un bambino dai capelli biondi e la voce acuta. Entrambi gli stanno tenendo una mano e ogni tanto lo fanno saltellare, dandogli la sensazione di volare per pochissimi istanti. Anche i miei lo facevano. È uno dei pochi ricordi che ho e ogni volta che vedo una scena di questo genere mi sciolgo un po' e penso a come sarebbe bello avere una famiglia. D'altronde, ho quasi trentacinque anni, l'età giusta per fare progetti. Alessandra mi guarda e credo stia pensando la stessa cosa.

Un ragazzo sta venendo di corsa dalla direzione opposta. Lo vedo zigzagare tra la gente, con la sua giacca di jeans che sventola a destra e a sinistra. Quando ormai è a un metro da me e provo a spostarmi, è come stare in un ingorgo, ma lui passa comunque. Alcuni gli urlano «Ehi», e pure io mi aggiungo al coro. E poi succede una cosa. Una piccola cosa. Si sblocca un ricordo. Anzi, più che un ricordo, si sblocca un dettaglio. Due occhi di ambra lucida riconoscibili fra mille. E una frangetta, rimasta sempre della stessa misura, ma questa volta tinta di rosso. Mi guarda e io la guardo. È come se ci fosse una catena, sento il lucchetto che sigilla l'estremità. Rallento e Alessandra si ferma al mio fianco.

«Che succede?» mi chiede.

Resto in silenzio mentre qualcuno sbuffa e da dietro passa avanti.

Anna procede nella direzione opposta alla mia. Mi volto e lei fa lo stesso.

Non posso fare finta di non provare nulla. In questo momento sento il mio corpo come un insieme di palloncini e un bambino dispettoso si sta divertendo a farli scoppiare a uno a uno.

«Stai bene? Sei pallido.» Alessandra mi sfiora la guancia con la mano.

«Sì, sì... pensavo di aver visto una cosa.»

Ma ho visto qualcosa di più. Ho visto la realtà.

Ci sono amori impossibili che ti fanno stancare di tutti gli altri.

Ho provato a trattenere in un angolino quel marasma di pensieri che affollavano la mia mente ma è stato impossibile.

Una volta a casa, io e Alessandra ci siamo lasciati. Lei non si capacitava della mia decisione e un po' mi sono sentito sporco a trattarla così. Ho rivisto la scena di qualche anno fa, a parti inverse.

I suoi occhi innocenti, dopotutto, non sapevano di niente. E al suo fianco si meritava qualcuno che in lei vedesse il meglio della vita. Per me, purtroppo, il meglio era altro. Non volevo illuderla.

Devo essere sincero, non mi aspettavo questo finale.
La vita a volte è proprio una bastarda, ma il più delle volte è nello standard. Ti fa capire come andrà, dove andrà a parare, tu fingi di non vedere, a volte succede qualcosa e altre volte non succede nulla di eclatante per un po'. È un elettrocardiogramma con qualche problema. Poi c'è un picco più alto degli altri, è chiaro. Ed è a quel punto che ti senti vivo. Senti un fremito, un motivo per svegliarti la mattina e vai alla sua ricerca in maniera quasi spasmodica. Ma la frequenza non è mai la stessa. Va tutto un po' a casaccio, uno pensa di avere il controllo e invece non è libero nemmeno di toccare una virgola all'interno della sua storia. Ci sono momenti in cui è difficile sopportarlo. Momenti in cui vorresti mandare all'aria ogni cosa, te compreso. Poi capitano certe notti, come la prima o l'ultima, e ti rendi conto di aver vissuto.

Però poteva andare meglio, non crede?
Sono passati due anni dall'ultima volta che ho incrociato il suo sguardo e non c'è giorno in cui io non pensi a lei. Quindi sì, cazzo, poteva andare molto meglio di così. A volte mi chiedo: perché lei? Perché non un'altra? Dicevo di cercare qualcosa di stabile e invece ho trovato l'esatto opposto. Forse il subconscio fa più di quel che si crede. Forse cercavo un'anima persa per perdermi a mia volta.

Mi piace pensare di aver voluto una storia sbagliata, una storia di eccessi, una storia esagerata per arrivare a saziare anche gli angoli più remoti del mio cuore. E poi, chi è che può definire una storia giusta o sbagliata? La definirei «anormale» ma non mi spingerei oltre usando termini peggiori. Solo perché qualcosa è destinato a finire, non vuol dire che non meriti di essere vissuto. Anche un cane malato in un canile merita la sua fetta d'amore. E allora mi piace pensare che se non ci siamo più trovati è perché ci siamo dati tutto quello che potevamo darci. Mi piace pensare che il momento non era giusto per noi ma ci abbiamo provato comunque. Mi piace ricordarci come due folli coraggiosi. Forse ancora in attesa, speranzosi. Almeno, io sicuramente lo sono. Ma dopo tutti questi anni, non lo so. Secondo lei a un certo punto i sentimenti muoiono?

Non saprei, lei cosa ne pensa?
Penso che da adolescenti si è disposti ad amare perché la società non è ancora arrivata a bussare alla tua porta con il carico da novanta. Parlo di impegni, di lavoro, di scadenze, affitto, mutuo, bollette. Troppi pensieri rivolti altrove, c'è carenza d'amore e il cuore si atrofizza. Ma resta sempre quella sensazione simile a un prurito, come se mancasse qualcosa, magari qualcosa di piccolo. Ma un vuoto è sempre un vuoto, che sia un buco o un cratere cambia poco. Ti senti incompleto anche se tutto il resto va a gonfie vele. Hai tutti i motivi del mondo per essere felice e invece capita di pensarci e l'umore cambia con la stessa velocità di un tramonto, che un attimo è al suo apice, ti distrai un secondo ed è già diverso. Più chiaro, più intenso. Un tramonto non è mai lo stesso.

Poi si cresce, come le stavo dicendo, e magari trovi un grande amore capace di durare fino alla fine dei giorni. Magari, come nel mio caso, quell'amore finisce e poi nella tua storia trovi solo delle comparse, niente più protagonisti.

Ma ci dovrà essere stato qualcosa negli ultimi anni in grado di accenderla un minimo!
Be', sì, negli ultimi anni è successo di tutto, ma a me solo di riflesso.

Giulio si è innamorato e mi ha confessato che avevo

ragione: non gli era mai successo. Ha scoperto per la prima volta di avere un cuore. E per un periodo ha proprio perso la testa, del tipo che, nonostante fosse il mio agente, era sempre irreperibile.

L'ho perdonato quando mi ha detto che si sarebbe sposato e poi mi ha chiesto se mi andasse di essere il suo testimone. Ha cambiato casa, ha cambiato vita. Ha smesso di bere e di fumare. Ha pure avuto un figlio. La vita è meravigliosa quando si mette d'impegno.

E a lei com'è andata?
Anche a me le cose non sono andate malaccio. La rivista è fallita e il sito con lei. Ma Giulio, risvegliatosi dal suo letargo amoroso, è riuscito a trovarmi un posto in radio. Un bell'attimo felice.

E poi?
E poi l'ultimo pezzo delle mie radici, mio nonno, ha raggiunto il resto della famiglia. È la persona che a volte mi capita di voler stringere più di tutte. Ci sono notti in cui sento la mancanza delle nostre chiacchierate, del suo tono di voce, del succo d'arancia. Non lo bevo più da quando se n'è andato. Mi viene da piangere perfino se lo vedo al supermercato. Ma accetto volentieri la tristezza, è sintomo di aver vissuto, di non essersi tirati indietro.

Mi dispiace, dico davvero.
Doveva succedere, prima o poi. Tante cose dovevano succedere, prima o poi.
E magari altre cose dovranno ancora succedere.
Me ne basterebbe una. Quella che dico io. Ma non succederà, non è così che funziona.

Fine dell'episodio 1000.

SECONDA PARTE
Anna

temporale[2]
/tem·po·rà·le/

Che è limitato nel tempo,
caduco, temporaneo.

Ci sono dei giorni che mi prendono alla sprovvista,
sembrano trasparenti e mi vien voglia di scriverti,
di dirti come mi sento, com'è il tempo,
che fuori piove e dentro nevica,
poi vorrei sapere un po' di te,
come ti va la vita,
se da te c'è il sole, se qualcuno ti fa ridere al posto mio,
se il cactus che ti ho regalato è ancora vivo
e se hai mai letto quel libro,
il mio preferito,
quello che ti ho prestato e non l'ho più rivisto.
Ci sono dei giorni curiosi pieni di domande,
giorni fatti a grandi linee da un passato
che non è mai sbiadito del tutto.
Giorni in cui vorrei solo ricaderci.
Giorni che sono mesi
mesi che sono anni.

22

A che serve litigare se alla fine non si torna a fare la pace?

3 ANNI DAL NOSTRO ULTIMO SGUARDO

SONO passati tre anni dall'ultima volta che ho visto Zeno, e da allora è successo di tutto.

Ho continuato a scrivere canzoni e a cantarle senza fermarmi mai. Ho tirato fuori tutta la mia voce, ho partecipato a un talent e sono riuscita a farmi notare. Mi hanno etichettato come la nuova Elisa per via della voce simile. Da lì la strada è stata lunga e non dico in discesa, ma quasi. Ogni tanto mi capita di trovare il mio volto su qualche cartellone gigantesco, almeno per me, con a fianco le date del tour che sto portando in giro per l'Europa. Piccoli locali, discoteche, a volte qualche palazzetto. Era ciò che volevo e l'ho ottenuto. A volte mi sveglio all'alba con la paura che tutto possa all'improvviso finire, oppure che sia tutto un sogno da cui, prima o poi, mi toccherà risvegliarmi. Gli eventi si susseguono senza sosta. Sembra una corsa contro il tempo. Stiamo tutti invecchiando, e stiamo tutti cercando di arrivare alla fine nel modo migliore, con le tasche piene e qualche sogno realizzato.

Ho tutto ciò che ho sempre sognato, eppure sento la

mancanza dell'unica cosa che ho perso. Il cuore è a secco da un bel po'.

Stringo tra le mani lo smartphone, l'ultimo messaggio è di Claudio, il chitarrista della mia band: «Ti stiamo aspettando! Il posto ti piacerà di sicuro. Un bacio».

Sono diretta a Bordeaux per un concerto, uno fra tanti. Anche se questa non è la prima volta, non mi sembra ancora vero. Fa strano trovarmi su un treno per andare a divertirmi per qualche ora davanti a persone che pagano per sentirmi cantare. È pazzesco.

Dovrei stare meglio di qualsiasi altro momento della mia vita, e un po' sì, è così. Ma quando mi chiedono come sto e io rispondo bene, sento che c'è dell'altro, come granelli di sabbia nascosti da qualche parte. Non li vedi, ma ci sono e io, anche se li percepisco bene, non so spiegarli a parole.

A un certo punto ho provato a cercare Zeno nei posti in cui eravamo soliti andare. Nella caffetteria nel viale, quella con i gatti. Al *Pub delle arance*. In biblioteca non si è più fatto vedere, sulle altalene trovo sempre solo qualche bambino. Se provo a chiamarlo, il numero risulta inesistente. A volte vorrei solo sapere se sta bene, nient'altro.

Mi sono pentita? No. Sono dell'idea che certe cose siano obbligate a finire. Possono ricominciare? Certo, ma non è detto.

Ho provato a farmi da parte perché era ciò che sentivo di fare. Fin dall'inizio io non volevo una relazione, però ci ho provato. A mio modo, mi sembra ovvio, ma l'ho fatto. E alla fine mi sono detta: «Se non mi cerca lui, perché dovrei farlo io?» Miriana mi ha risposto: «Se provi qualcosa, è tuo dovere farglielo sapere».

Dicono che stringa forte il proprio passato solo chi è

stato lasciato. A dire il vero, lo stringo forte pure io, anche se è finita a causa mia.

Le mie mani sanguinano ancora, mi fanno male le falangi per quanto sto stringendo questa parte di me che ho lasciato alle spalle. È come stritolare il colletto di un mantello pesantissimo mentre un vento fortissimo te lo sta per strappare dalle mani. Sai già come finirà, ma ci provi comunque.

Vorrei dire di aver voltato pagina ma credo di aver fatto solo finta. C'è un segnalibro gigantesco a ricordarmi una delle mie parti preferite. È un po' inutile così. Ma una parte di me si è convinta di una cosa: se sono dove sono, è solo grazie a ogni azione che ho compiuto, sia quando sono rimasta, sia quando me ne sono andata. Non poteva andare diversamente.

Pensavo che andarsene fosse più facile. Non credevo di essermi innamorata davvero. Non mi era mai riuscito prima. Ero sempre stata brava a non affezionarmi, poi qualcosa è andato storto. Non so cosa mi abbia attirata in lui di preciso. Il suo aspetto? Carino, sì, ma ho visto di meglio. Il suo carattere? A volte l'ho odiato. Il suo tirarsi indietro, sempre, per ogni cosa? Ma sapeva anche come farmi stare bene. E poi c'era una cosa che gli riusciva divinamente: restare fermo. Sembra una cosa da niente, quasi un difetto. Ma io potevo andare ovunque e avevo la certezza di ritrovarlo sempre lì, al suo posto. Un faro la cui luce era solo per me. Però mi sono allontanata troppo e ho perso di vista la riva.

Il controllore mi si avvicina, lo sento ripetere, di posto in posto: «Biglietto, biglietto, biglietto».

«Ecco», glielo mostro, fa un rapido controllo sul suo tablet, poi prosegue nel vagone successivo.

C'è un tizio che parla di azioni al telefono e ha una voce grossa con un po' di catarro, quel tipo di voce frammentata da forti gargarismi che provocano ribrezzo e fastidio. Io sto cercando di leggere un libro ma questa mattina si sono svegliati tutti con la luna storta. Spero tanto che la inghiottano, magari si soffocano e se ne stanno zitti per un po'. Non sarebbe male. Voglio essere nostalgica a modo mio. Non mi piace essere continuamente disturbata. A chi piace?

Penso di essermi innamorata della musica proprio perché riesce a far tacere il caos, sia fuori che dentro. Pensieri e persone tutti in silenzio.

Per un breve istante tutto tace, tiro fuori un libro e provo a distrarmi un po', c'è una parte che mi piace tanto e fa così:

> Vogliamo l'amore ma non sappiamo gestirlo. Vogliamo riprovarci ma non siamo in grado di cambiare. Non accettiamo i problemi, vogliamo che tutto sia perfetto, sempre. I nostri difetti restano tali. I nostri pregi si affievoliscono con il tempo, andando a perdere d'efficacia dietro a un velo di stupido orgoglio.
>
> Ci innamoriamo e nemmeno ce ne rendiamo conto. E quando apriamo gli occhi, ormai è troppo tardi. Siamo schiavi delle emozioni ma non riusciamo a comprenderle fino in fondo. Ci limitiamo alla superficie. Mente e cuore ci suggeriscono in continuazione le mosse da fare ma ci convinciamo che le redini dell'esistenza siano in mano al destino. E allora restiamo fermi, inermi, e lasciamo scorrere momenti preziosi che potrebbero tramutarsi in baci o in carezze. Tralasciamo il bello per mescolarci nella solita routine.
>
> Vogliamo così tanto delle certezze che non ci rendia-

mo conto di una cosa: in amore tutto trema. È come un telefono sul bordo di un tavolo. Se qualcuno ti chiama e tu non rispondi, inizierà a vibrare e prima o poi cadrà a terra. Così è l'amore. Se non rispondi, hai perso.

Vogliamo farci cercare ma non siamo disposti, noi, a cercare per primi. A che serve litigare, se alla fine non si torna a fare la pace?

Qualche posto più in là c'è una ragazza con il suo fidanzato. Lei è in piedi, lui è seduto. Stanno discutendo animatamente.

«Mi sono rotta di te», insiste lei. «Con te ci si annoia e basta. Pensi che il tuo amico Marco lasci la ragazza a casa? E Martina? Sai che fa Martina? Ogni sabato va a ballare, poi la viene a prendere fuori da scuola! E ogni tanto le porta pure delle rose! Delle r-o-s-e! Hai capito bene. E tu? Tu che fai?»

Lui non risponde. Mi ricordano me e Zeno. Quello che lei non sa è che, se provano ciò che ho provato io, allora non si dimenticheranno e questo peserà.

«Sei come tutti gli altri», chiude così il discorso. Poi si siede al suo posto, vicino a lui, e non aggiunge altro.

Se leggesse questo libro, forse cambierebbe qualcosa. O forse no.

«A che serve litigare se alla fine non si torna a fare la pace?»

Non sprecatevi, ragazzi. Vorrei dirglielo.

Hai la testa durissima e un cuore di pasta sfoglia
che si sbriciola quando qualcuno lo scalda e
resta un blocco freddo e malleabile in mano a chi non sa cosa tirarci fuori.
E poi hai questi sorrisi,
la tua arma preferita, uno spicchio di mare,
che si alternano ai tuoi musi lunghi,
quando te la prendi per le cose da poco
che a te piace quando ti vengono a cercare,
quando provano a capire cos'hanno fatto di male.
Hai bisogno di sicurezze
perché a volte smarrisci la fiducia perfino in te stessa,
ti senti persa, passi dall'essere intensa come il sole a mezzogiorno
a ciò che resta dell'ultimo flebile rimasuglio di luce l'attimo prima che scompaia il tramonto.
Sei fatta di momenti in cui non riesci a riconoscerti
e qualcuno deve prenderti la mano e portarti altrove.
Ami chi ti sfiora con i polpastrelli le guance e aspetta che passi il buio.
Ami chi prova in ogni modo a farti ridere, a esserci anche se scappi,
chi prova ad abbracciarti anche quando diventi nebbia.
Sei piena di sogni e di programmi,
giorni in cui non stai ferma un secondo,
giorni in cui resti sotto le coperte e ti senti come un'ombra.
Sei impegnativa perché non sei un colore
sei così tante sfumature tu
che è difficile inserirti in una sola categoria.
Tu sei tutto e a volte niente,
di sicuro è difficile restarti indifferente.

23

Cosa sei disposto a perdere per realizzare il tuo sogno?

3 ANNI DAL NOSTRO ULTIMO SGUARDO

IL treno arriva a Bordeaux.

Prendo il libro, faccio un'orecchia alla mia pagina preferita. Fisso un po' la copertina e infine mi decido. Passo accanto al posto di quella coppia di prima e glielo lascio sul tavolino davanti a loro. Senza fermarmi, proseguo fino all'uscita.

Bordeaux d'estate è una città meravigliosa. Piena di vita a ogni ora, piena di persone di ogni cultura. È una città che ha tutto a portata di mano, eppure c'è sempre qualcosa di cui si può avere bisogno.

È pomeriggio inoltrato, fuori il sole ancora brucia ogni cosa. Esco dalla stazione di Saint-Jean e prendo un taxi che mi lascia nei pressi della parte bassa di Rue Sainte-Catherine, un lunghissimo corso pedonale che attraversa la città. Fa una certa impressione, soprattutto in questo periodo, perché c'è un mare di gente e a tratti, non essendo la strada perfettamente in piano, sembra che l'onda di teste ti possa sommergere.

Salto fuori dalla corrente e raggiungo la porta di un locale new age. Il proprietario mi vede, agita una mano e allora mi dirigo nella sua direzione. Alle sue spalle c'è una grande sala da jazz, con un palco centrale e dei tavolini tutt'intorno; sul retro i camerini, dove trovo anche il resto della band che mi sta aspettando.

Inizia la solita routine accompagnata come sempre da un'ansia nuova. Mi siedo sul pavimento con tutte le mie cose attorno: la chitarra appoggiata a una parete, il mio taccuino tra le gambe, la penna blu stretta tra i denti. Quando sono nervosa mordicchio tutto ciò che trovo. Unghie, tappi, penne, a momenti pure la pazienza di chi mi sta intorno. Ma almeno una cosa negli anni è cambiata: non sono più troppo sboccata. Me ne sto qui, con dei pantaloni rosa che sembrano più un pigiama e una canottiera celeste, tutti i tatuaggi alla luce del sole che entra da una finestra mezz'aperta che illumina un bel po' la stanza. Le occhiaie sono più marcate del solito. Il viaggio fino a qui è stato parecchio lungo e io sui treni non ce la faccio a addormentarmi. Per fortuna, il palco mi rende febbricitante. Ho questo sogno da realizzare ogni volta che salgo lassù, e mi preme dentro come una necessità impellente. Non posso fare a meno di assecondarlo in ogni modo pur di raggiungerlo.

Sono qui che scrivo, spettinata, con i capelli naturali, castani, anche questo ho cambiato. Suono qualche nota, canto un paio di parole, poi accantono tutto.

Inizia lo spettacolo.

A cosa stai pensando?

Alle serate bruciate,
alle scopate mancate,
al viso rigato dal pianto,
ai tuoi sogni giganti,
al fatto che non sai gestire la felicità
ai ritorni sbagliati,
ai baci spontanei,
alle sue mani
sul tuo corpo, quasi dentro l'anima,
sul tuo viso, a contatto con i pensieri,
al tuo cuore spezzato
a quando hai amato troppo
e pensavi di non farlo mai più.
A come ti senti, che non lo sai nemmeno tu,
all'enigma che sei,
alla vita che sfugge,
ai problemi che si accumulano,
a quegli occhi che ti fanno ancora dannare,
all'estate sempre troppo lenta ad arrivare
e rapida ad andarsene,
al mare, che non è mai abbastanza.
Alla forza che ci stai mettendo
per evitare di pensare
a tutte quelle cose
troppo grandi e pesanti da gestire.
Sembrano piccolezze
e invece sono simili a montagne.

24

Lei ha un cuore...

3 ANNI DAL NOSTRO ULTIMO SGUARDO

IL concerto finisce, tutti ci applaudono. La sala è bollente, noi completamente zuppi di sudore.

C'è un uomo alto, dinoccolato, con camicia color kaki e pantaloni bianchi, dallo sguardo gentile. Alza una mano e mi saluta. Ricambio, mentre le persone si disperdono ed escono dal locale.

Si avvicina e mi dice: «Non ti ricordi o fai solo finta?»

Provo a mettere a fuoco il suo volto ma non mi dice niente. È un viso come tanti altri, lineamenti comuni, guance scavate, occhi profondi, sopracciglia molto folte e capelli tinti di nero coperti di gel e tirati all'indietro. Una fronte un po' stempiata, qualche ruga ai lati della bocca.

«Sembri timida, calma, un po' chiusa. Non sembri del tutto la Anna che ho conosciuto molti anni fa.»

«Aspetta, ma tu sei... Giulio?»

Che sensazione assurda. È come se avessi inghiottito un sorso di sabbia.

Uno dei ragazzi della band mi dà un colpetto sul braccio e poi mi chiede: «Andiamo in hotel e poi scendiamo a mangiare qualcosa, vieni con noi?»

Lo guardo ancora sorpresa, con la bocca semichiusa. So cosa dirgli, ho ogni singola parola poggiata delicatamente sulla lingua ma nella mia testa i pensieri sono tutti alla rinfusa. Basta così poco per perdere il filo. Il passato è come un gatto che si diverte ad allungare le zampe per giocare con il gomitolo della tua esistenza.

«Voi cominciate ad andare, io... io vi raggiungo più tardi, okay?»

«Tranquilla», mi dà un buffetto sulla guancia e se ne va.

Mi sembra di aver perso quindici anni in un istante. O forse di averne messi una ventina in più. Mi sento debole, pallida.

«Fanno parte della mia band», gli spiego.

Mi vien da pensare che sia tutto collegato per davvero. Che in qualche modo quello che si dice è vero: certe persone sono destinate a ritrovarsi ovunque. Mi vien da pensare che ci sono ancora dentro, più di quanto pensassi, e che ho paura di ciò che potrebbe dirmi da un momento all'altro. C'è un nome che mi farà sempre uno strano effetto.

«È bello vederti», mi dice.

«Anche per me.» Lo penso davvero, poi aggiungo: «Che ci fai qui?»

«Hai presente il vecchio podcast di Zeno? Presto si trasformerà in un libro e verrà pubblicato anche al di fuori dell'Italia. Per questo mi trovo a Bordeaux, per parlare con un piccolo editore interessato. Poi ho visto il tuo volto su un poster appeso qui fuori e... non ci volevo credere.»

Sono felice per lui. Per Zeno. Si merita il meglio e sono contenta che entrambi siamo riusciti a costruire qualcosa.

Ci siamo allontanati. Anzi, io mi sono allontanata ma ho sempre voluto il suo bene e forse mi sto rendendo conto solo ora che ciò che pensavo di cercare, una volta trovato, non ha colmato certe mancanze. Sono ancora tutte lì.

Negli ultimi anni ho letto storie d'amore, mi sono riempita di parole, ho provato a sputarle fuori sotto forma di canzoni. Avevo il mare davanti ma non lo riuscivo a vedere. Mi sentivo fragile ma potevo volare, cercavo una risposta che in cuor mio conoscevo già: il problema sono io.

Sono fatta di grovigli tutti da districare e, se qualcuno prova ad allentare i nodi, l'unica cosa che sono in grado di fare è scappare. Che stupida.

Voglio una storia semplice,
che non vuol dire facile e nemmeno scontata.
Voglio una storia piena di imbarazzi iniziali,
che non sai mai cosa dire o dove mettere le mani,
una di quelle che sembrano un disastro annunciato
e invece ti sorprendono.
Una storia piena di battute, di cinema e poesia.
di vestiti bagnati dopo aver preso la pioggia,
di autobus mancati, di radio a tutto volume.
di mani che s'intrecciano, di sguardi che si cercano,
Una storia che se ne frega del giudizio della gente,
che a me importa ciò che pensi tu.
Una storia che la notte non dorme,
fatta di parole dette alle stelle in attesa dell'alba.
Una storia di quelle in cui non ci si fa problemi a
parlare,
che le storie muoiono quando manca il dialogo
o il coraggio di essere sinceri.
Una storia in cui si litiga
perché fa parte del gioco,
ma non si arriva mai a sera
senza aver prima chiarito e fatto la pace,
altrimenti è impossibile dormire.
Una storia fatta di abbracci quando l'ansia sale,
di regali fuori dalle feste,
di «ti amo» detti perché sentiti, che solo così sono
potenti.
Una storia che dà il giusto valore alle parole,
agli sguardi, ai gesti.
Una storia dura come l'acciaio
che resiste pure alle bombe.
Una storia, la nostra storia.

25

...e un punto debole

3 ANNI DAL NOSTRO ULTIMO SGUARDO

«SEI felice?» mi chiede.

«Che domanda è?»

«Una domanda.»

Usciamo dal locale e attraversiamo la strada. A quest'ora ci sono ancora parecchie auto in giro. I fari ci illuminano mentre tagliamo per Rue Saint-François e ci troviamo davanti prima quel colosso di basilica che è Saint-Michel, che ricorda un po' il retro di Notre-Dame con il suo stile gotico e poi il campanile che si erge un po' più in là, al centro di una piazza con ancora qualche tavolino, un paio di bar che sfruttano la stagione e alcune persone che, come musica, riempiono il silenzio con le loro risate.

«Diciamo che il lavoro sta andando molto bene.»

«E il resto?»

«Il resto?»

«Sentimentalmente parlando», specifica.

«Cos'è, mi vuoi intervistare?»

«Semplice curiosità», sorride ingenuamente. Il sorriso è rimasto sempre lo stesso. Alcuni dettagli non mutano con il tempo.

Annuisco senza aggiungere altre informazioni.

«Ti va di bere qualcosa?» chiede indicandomi un bar chiamato *La Flèche*.

Ci sediamo fuori, si sta da Dio qui. È una di quelle serate che ti invogliano a restare sveglia fino all'alba.

Una signora corpulenta, un po' goffa e particolarmente sorridente, ci serve il miglior vino rosso che abbia mai bevuto e la serata prende di colpo un altro sapore e un altro colore.

È a questo punto che Giulio prende lo smartphone e mi fa ascoltare il finale di una vecchia intervista a Zeno.

Gli dico che mi dispiace per Zeno, non era mia intenzione farlo stare così male. Mi dice che è tutto okay.

«Frequenta ancora quella ragazza?» gli chiedo.

Ha gli occhi tristi più dei miei. Sarà il vino? Forse è il vento che va via via a esaurire il suo tepore.

«No, non più. Da quando... da quando ti ha vista. Sono passati ormai quanti? Tre anni? Non ne vuole sapere più di nessuno, dell'amore, di tutta quella roba là.»

Non dico nulla. Non so proprio cosa dire. Di colpo scende come un sipario il silenzio tra di noi. Penso che se potessi tornare indietro forse non rifarei certe scelte. O forse sì, alla fine, è impossibile resistere a certe tentazioni, all'istinto, ai sogni. Probabilmente doveva andare esattamente così. Cioè, ormai è andata così. Ci siamo divisi e siamo rimasti entrambi marchiati. Uno pensa di andare avanti ma si porta inevitabilmente dietro anche una parte del bagaglio dell'altro. Pesa lasciare un sentimento in sospeso, inespresso, forse esausto per colpa del tempo trascorso, ma ancora vivo, nonostante tutto.

«Mi è mancata la sua voce.» Alla fine spezzo così il silenzio.

«Non hai continuato ad ascoltarlo?»

«No, ho sempre evitato. Soprattutto da quando il suo numero di telefono ha smesso di funzionare. Ho pensato che non volesse più avere a che fare con me. Aveva tutte le ragioni per non volermi più.»

«Quindi, a un certo punto c'hai ripensato?»

«Come puoi capire di star vivendo il più grande amore della tua vita se non ha niente con cui paragonarlo?»

«Però ricordo che una volta dicevi di essere uscita con parecchie persone prima di conoscere Zeno.»

«Ho vissuto la mia adolescenza? Sicuramente. Quando i tuoi genitori non si occupano di te, cerchi attenzioni da altre persone. Credo sia normale. Ma quello che c'è stato tra me e Zeno, be'... era una novità per me. Un pezzo inedito che passa in radio e che ti lascia senza parole.»

«E dopo Zeno?»

«Da quando me ne sono andata, non ho più frequentato nessuno. Ho pensato a me stessa, ho chiuso la porta ai sentimenti e ho avuto la risposta che cercavo. Non avevo bisogno di paragonarlo a nessuno. Io lo amavo, dico davvero ma...»

«Ma?»

Il lampione sopra le nostre teste comincia a sfrigolare come una noce di burro in una padella. E poi si spegne ridonando al cielo il suo colorito naturale, nero vinile rigato di stelle.

«Sento che sto per scoppiare.» Allora Giulio mi si avvicina e mi prova ad abbracciare con un certo imbarazzo. Alcune lacrime mi solcano il volto e si vanno ad asciugare sulla sua camicia.

«È tutto okay», mi stringe goffamente, e io ricambio stringendo più forte che posso, anche se mi sento crollare pezzo dopo pezzo.

Mi manchi,
lo ammetto
ma è da tanto
che non ci parliamo
e non so più
da dove riprendere.

26

Pochi istanti dall'esito incerto

SCORRE la Garonna. Il lungofiume è completamente illuminato da un filo di luci che si estendono per chilometri come un enorme addobbo natalizio. L'aria è fresca e un fiato di vento mi scompiglia i capelli.

Davanti alla Place de la Bourse c'è uno specchio d'acqua sottilissimo che riflette tutto ciò che lo circonda. È uno spettacolo meraviglioso, soprattutto di notte, quando le luci si sdoppiano e sembra di vedere un sottomondo come in *Stranger Things*. Ci siamo noi e un paio di ragazzi sulle BMX, con una birra in una mano e il manubrio stretto nell'altra. Parlano tra loro a voce alta e io non ci sto capendo una sola parola.

«Toglimi una curiosità, Zeno è venuto a cercarmi in quel posto che gli ho mostrato?» lo guardo e spero tanto di ricevere una risposta sbagliata.

«Il giorno dopo che te ne sei andata, ha preso il primo treno, alle 5, e ti è venuto a cercare con l'alba su quella spiaggia. Ti ha aspettata al bar per tutto il giorno e ha fatto così ogni giorno per due settimane. Gli avevi promesso che ci saresti andata.»

Chiudo gli occhi. Vorrei scomparire nel fiume.

«Avevo paura. Paura di perdermi, di non riconoscermi più. Allora ho pensato bene di non farmi trovare. Ho creduto che potesse servire. È passata una settimana e non era cambiato nulla. È passato un mese e non era cambiato nulla. È passato un anno e non era cambiato nulla. Ero sempre la stessa. La solita cretina esagerata e inconsapevolmente innamorata. Ma avevo paura, dico davvero. Perché Zeno non si era più fatto sentire e io non volevo disturbare. Pensavo che fosse con un'altra e sapevo che vederlo felice mi avrebbe ammazzata. Sono rimasta in disparte per anni, finché non l'ho visto, quel giorno, in centro. Non ho avuto dubbi. Ogni mia scelta era sbagliata. Dovevo restare ma ormai era troppo tardi. Poi è arrivata la mia occasione con la musica. È andata bene, mi sono distratta un po'. Sai, è impegnativo andare su e giù per l'Europa. Ma non mi è mai passato. Mai mai mai.»

Tra qualche ora partirà il treno per Parigi, la meta del mio prossimo concerto, e le nostre strade si separeranno. Sento di aver buttato via un sacco di tempo. Ho il rimpianto di aver aspettato che fosse lui a fare una mossa.

Ci siamo comportarti come luna e sole. Siamo rimasti a distanza ma sempre nella nostra orbita.

Forse c'è ancora tempo per la nostra eclissi.

O forse no.

Forse è tutto rimandato alla nostra prossima vita.

Zeno mi ha definita in tanti modi, ma mai sua. Non nel senso di proprietà. Io sono mia, questo è ovvio. Però, dentro di me aleggia questa sensazione che io e lui in qualsiasi epoca, a qualsiasi età, da bambini o da anziani, lisci o grinzosi, acerbi o maturi, su questo pianeta o chissà dove nell'universo, non ha importanza, prima o poi ci saremmo trovati per appartenerci per tutta la vita.

Perché noi siamo questo: destinati a essere.

Io sono sua, lo sono sempre stata. E lui era mio, lo sarà per sempre anche se i suoi occhi non si poseranno più sui miei, anche se il domani sarà più spento, se la mattina mi sveglierò e dall'altro lato del letto non troverò il suo sorriso, nessuna mano da stringere, nemmeno mezza guancia da accarezzare, o i suoi capelli da spettinare.

Non vedo l'ora d'incontrarti nella prossima epoca, in un'altra città, con un'altra pelle, un sorriso diverso, su un altro pianeta ma con lo stesso luccichio negli occhi. Quello sarà il nostro segnale.

Ovunque saremo, sapremo riconoscerci.

O forse...

«Tieni», Giulio mi porge il suo smartphone.

«Perché?»

«È il suo numero. È tardi ma...»

Lo afferro con le mani tremanti. Premo il pulsante per confermare la chiamata e questa volta è il numero giusto e squilla, squilla, squilla.

«Pronto?» Devo averlo svegliato, è la sua voce, però è più stanca rispetto a quella che ho ascoltato nell'intervista. O forse è solo invecchiato.

«Ciao... Zeno.»

«Chi è?» ora sembra sorpreso, come se mi avesse riconosciuta ma non ci credesse sul serio.

«Anna, la tua Anna.»

«La mia Anna», scandisce bene ogni parola e io mi sento sua davvero.

Alzo gli occhi al cielo. In lontananza un lampo illumina l'oscurità.

Qualche secondo. E un tuono spezza il silenzio.

Certi amori fanno lo stesso.

Mi ricorda l'aurora boreale
che, se la vuoi vedere, te la devi andare a cercare,
devi aspettare e un po' devi patire
ma alla fine,
oh, che meraviglia.

Ed è così che finisce.

Epilogo

Sai davvero cosa vuoi?

Si ritorna sempre dove si è stati bene? Sono dell'idea che non te ne vai, se stai davvero bene. Nonostante tutto, troverai sempre un modo per restare.

Si ritorna sempre dove si pensa di poter star bene. Ecco, così va meglio, ha più senso.

Ci si perde e poi ci si ritrova. Funzionano così le storie che non sanno finire e che hanno sempre qualcosa da dirsi.

Certe cose, però, non cambiano mai. E lo capisci in un attimo, un battito di ciglia. Un filo che credevi spezzato si tende ancora e sembra reggere. Se entrambi lo tirano, qualcosa vorrà pur dire. Bisogna solo avere il coraggio di non mettere in gioco la carta del passato, perché se senti che la ferita è troppo grande, non si andrà da nessuna parte. Ci sono terremoti che superano d'intensità le lacrime versate. Non puoi ignorarli, non puoi nemmeno scappare. O meglio, potresti ma non devi.

Ma dopo tanto tempo, come posso cascarci di nuovo?

C'è questa sensazione che i finlandesi chiamano *Kaukokaipuu*: provare nostalgia per un posto che non si è mai visitato. Io ho provato la stessa cosa per tutti quei futuri che non abbiamo avuto, per tutto ciò che avrebbe potuto essere e che per troppo tempo non è stato.

Anna per me è sempre stata quel posto. Quando se n'è andata mi ha incastrato tra le costole l'ago di una bussola con la promessa che mi avrebbe riportato da lei, prima o poi. E così è stato, in un modo inaspettato.

In ogni caso, devono esserci dei presupposti precisi. Non tutti sono disposti a riaffacciarsi a un passato che da tempo aveva smesso di farsi sentire.

Nel nostro caso, non sono bastati otto anni per farlo zittire. È buffo, non credete? Uno non si aspetta più niente ed è proprio allora che resta sorpreso.

Un giorno, uno qualunque, Giulio mi ha scritto: «Sono arrivato a Bordeaux». E fin qui tutto bene. Poi il telefono ha vibrato un'altra volta: «C'è pure Anna».

Non riuscivo a crederci. Una parte di me voleva sapere ogni dettaglio, da come era vestita allo smile nascosto sotto al labbro. Allo stesso tempo, però, volevo essere tenuto all'oscuro. Temevo che, dopo aver letto il suo nome, potessero arrivare solo delle brutte notizie. Che stava con un altro, che non ne voleva più sapere di me. Tutti scenari possibili. A dire il vero, c'era un catalogo infinito di scenari possibili tra cui scegliere. Incrociavo le dita sperando non mi capitasse uno dei peggiori.

Le persone cambiano? Questo credo sia uno dei dubbi più grandi dell'umanità. Io mi sento cambiato, devo essere sincero. A parte i capelli, che ora sono un po' brizzolati, sono cresciuto lavorativamente parlando, e mi sono pure messo il cuore in pace, dopo tanto tempo. Ho riabbracciato quella solitudine che una volta mi apparteneva. Ed è stato come ritrovare una vecchia auto nel garage di tuo padre o di tuo nonno. Ti metti alla guida, respiri l'aria presente nell'abitacolo e c'è ancora un antico sentore lontano che ti riporta con la mente a un'infanzia altrettanto distante. Ti ricordi una voce, un vialetto, il cancello pitturato di fresco, l'edera che si aggrappava sul muro, le urla dei figli dei vicini, profumo di betulle, fiori sull'asfalto. Quel senso di casa, così familiare. E a sua volta mi ha fatto capire l'importanza di certe presenze, che non bisogna mai dare per scontate.

Insomma, sono cambiato rimanendo me stesso. E Anna ha seguito un percorso simile: è cresciuta, si è addolcita, ha realizzato il suo sogno e l'ha trasformato in un lavoro. Ha smesso di scappare, ha capito che alcune persone sanno essere un rifugio importante, che a tenersi tutto dentro si muore, la rabbia va lasciata andare, bisogna avere la pazienza di ascoltare, di capire perché qualcosa non va, di fare un passo indietro, se è il caso, non serve a nulla farsi la guerra. Credo che a un certo punto ci si stanca e si decide di abbandonare l'armatura. Si è abbastanza forti anche senza, sicuramente più morbidi, più fragili, ma non per questo deboli. C'è tanta bellezza in chi si mostra senza la costante paura di apparire con qualche difetto.

Se hai altro per la testa, non riesci a focalizzarti su ciò che conta davvero.

Una volta cercavo continuità. Ora vivo per quel brivido che solo lei mi fa provare.

Anna cercava libertà e poi ha capito che se continui a pensare a una persona, la libertà ha i suoi lineamenti.

Alla fine ci siamo ritrovati. Eravamo i soliti scemi, con qualche grinza in più intorno agli occhi, alla ricerca dei soliti baci, così da capire se qualcosa era effettivamente cambiato. Quando l'ho rivista è stato come sentire un'onda che si va a posare in un solco rimasto asciutto per troppo tempo. Come quando ti svegli e sei tanto disidratato, allora ti scoli mezzo litro d'acqua in un attimo e la bocca riprende a sentire i sapori. Mi mancava. Lo sapevo ma non pensavo così tanto.

Per funzionare non bisogna essere perfetti o capitare al momento giusto nel posto giusto con la persona giusta. Va bene essere fuori tempo, fuori posto e perfino fuori di testa.

L'importante è chiedersi che tempo fa ogni giorno dentro di noi.

Perché se vivi di perturbazioni, difficilmente saprai resistere a lungo.

E noi, dopo tanta nebbia, abbiamo rivisto il sereno.

Non c'è niente di più bello che ricominciare con la consapevolezza di potercela fare.

«Quante cose non ci siamo detti?»
«Troppe.»
«E quanto tempo abbiamo perso?»
«Un'infinità.»
«Ti va di recuperare?»

L'amore rende ciechi
ma ora noi ci vediamo benissimo.

Tua per sempre,
Temporale

Ringraziamenti

Ringrazio la mia insonnia, le notti in bianco, le idee sempre all'ultimo, la mia fantastica editor, Linda Poncetta, che mette in ordine il mio disordine sistematico.

Ringrazio il mio cane Leone, che a metà romanzo mi ha lasciato. Avevo previsto un altro finale ma in quei giorni ho provato così tanta tristezza che non ne volevo aggiungere altra anche tra queste pagine.

La vita è bella perché succedono cose a caso e nell'imprevedibilità può sempre risiedere un'inattesa felicità.

E per ultimo, ma non perché meno importante, un bacino a tutti voi che siete arrivati fino all'ultima riga di questo romanzo. Ora è anche vostro.

xoxo,
Olle

Finito di stampare presso Grafica Veneta S.p.A.
Via Malcanton, 2 – Trebaseleghe (PD)
Printed in Italy